JN325805

鈴鹿短大からの発信

佐治晴夫 監修
鈴鹿短期大学40周年記念論文集編集委員会 編

Suzuka Junior College

大学教育出版

刊行によせて

学校法人享栄学園理事長　堀　敬史

　鈴鹿短期大学の40周年記念論文集が発刊されるにあたり、お祝いを述べるとともに当短大の地域社会における教育的な意義を改めて確信するところであります。

　当短大が開学された昭和41年は、日本の総人口が1億人を突破した年であります。同時に、丙午（ひのえうま）の年でもあり、この年の出生数は136万人であり、前年に比して大きく落ち込みました。この2つのことは、日本の急成長と現在の少子化という相反した問題を提起した興味深い年でもありました。その後、日本の社会が経済的に急速に発展し、それにともない女性の社会進出が求められました。以来、当短大では建学の精神である「誠実で信頼される人に」を教育の理念として信頼される社会人の養成を目指してきました。とくに、当短大の学問領域は「生きる」ことを学ぶという生活学、ライフデザインであります。生きるとは食べることであり、人の心を癒し、幼児に生きる楽しさを教えることなのであります。このことは、全て今の日本社会に不可欠なことばかりです。実学とよく言われますが、基本的な生活について考え、研究することの意義はたいへん重要なのです。21世紀はホスピタリティの世紀と言われていますが、このホスピタリティこそが生きるためのエッセンスとなってきました。他人を尊重し、人を大切にする気持ち、いわゆる人間愛です。人を思いやる気持ちを育てるのが鈴鹿短期大学の教育の原点であります。

　佐治学長のよく言われるリベラルアーツの教育は品格のある人間を養成するために不可欠であり、さらに付加するものとしてホスピタリティ溢れる教養人が自分の専門を通して社会に貢献することは素晴らしいことです。そのことを実践しているのが当短大です。その実践として、人を幸せに導くことへの教育・研究がこの論文集であります。これからもさらなる社会貢献ができますよう、この論文集が次の50周年に継承されますことを願いまして、発刊のお祝いといたします。

『鈴鹿短大からの発信』刊行に寄せて

鈴鹿国際大学学長　武村　泰男

　鈴鹿短期大学創立40周年まことにおめでとうございます。心から御祝い申し上げます。
　40年前と言えば、東京オリンピックも済み日本中が好景気に浮かれていた時期でした。その後皆さまご承知のような経過を辿り、経済大国として世界に知られるようになった次第ですが、10年以上前、大不況の影が差してきたころ、司馬遼太郎さんが井上ひさしさんとの対談で、国の行く先について「(国の発展は)もうだいたいこれで終わりなんでしょう。……あとはよき停滞、美しき停滞をできるかどうか。……」と言い、その可能性に悲観的な見方をされました。その後のながい「停滞」も、それが美しからざるものであることも彼の見通しのとおりでありました。
　景気が良くなってきたと言っても格差の増大は目を覆うばかりで、低所得層は増える一方ですから、いわば見せかけの景気と言って良さそうです。むしろこの停滞は、その貧富格差の増大や、想像もできないほどの反倫理性を示す犯罪の頻発等から、かえって100年以上前のいわゆる世紀末現象をも思わせます。日本で言えば、天明から文化文政にいたる低迷期に似ています。
　これらの停滞からの脱却はいかにして可能か、というのが多分いま突きつけられている課題であると思われます。細かい課題はいくらでも出てくるし、解決手段はその都度考えられるでしょうが、マクロな視点からすれば、おそらくそれは「若い力」次第、ということになろうかと考えています。
　どんな時代でも非常に大きな難問は若い無鉄砲な力によってのみ突破されてきました。世界の上昇期の国のありようはみなそうでしたし、日本の明治期を見ても分かります。となれば、学生諸君を預かっている学校の使命は気の遠くなるほどの重さを持っているわけです。現状では日本の大学生のエネルギーはどうも豊かではありませんから、それだけ大学・短大の持つ責任は大変です。その一翼をお仲間の鈴鹿短期大学に期待している次第なのです。

40周年記念論文集発刊に際して
―本学の教育が目指すこと―

学長　佐治　晴夫

　鈴鹿短期大学は、今年度を以って、創立40周年を迎えました。思い起こせば1966（昭和41）年に開学されて以来、大きく変転する社会情勢や時代の潮流に翻弄されながらも、地域社会の要請に応えつつ、これまで、6,500余名の卒業生を輩出し、今日の基礎を築いてまいりました。それを支えてきたものは、本学をとりまく多くの方々の並々ならぬご支援の賜物であり、その一方では、教職員全員の教育や研究にかける熱い思いの結果であると自負しております。今回は、40周年という節目に、今一度、開学から今日までの歴史を振り返り、本学の発展を暖かく見守ってくださった方々ともども、本学の将来ビジョンに夢を馳せたいという気持ちで、記念出版を思い立ちました。

　さて、「薔薇ノ木に薔薇ノ花サク　ナニゴトノ不思議ナケレド」と、日常の中で見聞きするありふれた現象や事物の中にも、よく考えてみると、驚くべき不思議があることを喝破したのは、北原白秋でした。実は、本学開学以来40年といっても、物理的尺度で測る40年という時間は、決して長い歴史を作り出すような時間であったとはいえません。しかし、開学に至るまでの長い経緯を考えて見ると、ありとあらゆる森羅万象の結果が、互いに係わり合いながら、今日の本学を形作ったと考えるべきでしょう。それは、極端な表現ではありますが、かつて、私と共に、宇宙創生の理論的研究に携わっていた友人が、自宅で自慢のスープを作りながら、ふともらした言葉：「スープをつくるには、まず、宇宙をつくらないとね…」を思い起こさせます。いいかえれば、物事の歴史には、直接、目には見えない、あるいは、すっかり忘れ去られてしまっている多くの過去がかくされているということです。いいかえれば、40年という時間の中には、遙かなる遠い過去から今に至るまで、かたときも途切れることなく

続いてきた時間の歴史の集積の結果が含まれているということです。

　ところで、今、みなさんが、手にしているこの本の1ページ、それをつくっている一枚の紙は、何から出来ているのでしょうか。おそらくパルプ、すなわち樹木が原料でしょう。樹木は、水がなければ育ちません。その水は、雨がもたらしたものです。雨を降らせる原因となったものは、何でしょうか。それは雲です。そして、雲を造るのは、地表や海から空の高みへと水分を持ち上げる太陽のエネルギーです。となると、一枚の紙に耳を寄せた時、そこに、木々のそよぎを聞き、雨足の静かな音を感じ、そして、雲のかげりが見えるといっても、それらは、詩人の世界だけでいえることに留まらず、科学の視点であるといってもいいすぎではないでしょう。なぜなら、それらのことは、明らかに、科学によって知りえた知識が基礎になって感じられることだからです。このように、この世に存在するあらゆる現象や事柄は、決して、そのことだけが独立して存在しているものは何ひとつなくて、すべてはたがいに係わりあいながら存在しているということです。

　ここで、本学のことに話を戻しましょう。本学は、生活学科単科の小さな大学です。しかし、その中には、「養護教諭・福祉コース」、「栄養教諭・栄養士コース」、そして、「幼稚園教諭・保育士コース」があります。これらのコースは、人が生まれてから終焉を迎えるまでの一生の間に経験するいろいろな側面を、その時期に応じてサポートする人材の育成を目的としているものです。私たちは、この世に生を受け、成長して年老いていきますが、そのプロセスには、心身をふくめた養護というサポートが必要です。それなくしては、生きていくことはできません。「養護・福祉」は、私たち人間にとって、人生のいかなる局面においても、欠かすことのできない重要なものです。

　その一方では、生を可能にしているのは、"食べる"という営みです。私たち成人は、一日におよそ、二千数百 kcal の食物を摂取して生きています。そのエネルギーを別の単位に換算すると、100w になります。生きているということは、100w のエネルギーを消費しているということです。一方、地上のものすべての存在を支える最も根源的な生みの親、すなわち、私たちの太陽は、莫大なエネルギーを生成し、私たち生命を育てています。しかし、私たち成人

と同じ体重くらいの太陽のひとかけらあたりのエネルギー発生量を計算してみると、その大きさは、0.01w、つまり、同じ体重あたりで比較すると、人間が生きているということは、太陽の1万倍のエネルギーをだしているということで、その事実こそが、「生きている」ということの証なのです。人は、星の1万倍のエネルギーを発生しながら、生きているということなのですね。そのエネルギーを供給するものが食物であることを考えれば、「栄養と食物」が、生きるための基本であることは、どなたにも明らかなことでしょう。

　私たちは、母親の胎内で育てられる哺乳動物です。今、地上には、およそ4,200種類ほどの哺乳類がいますが、その中で、人間にしか備わっていない能力は「考える」ということです。しかし、一方では、「考える」能力を獲得することの代償として、人間のみが、未熟児として出産するという宿命を背負っています。つまり、犬でも馬でも、生まれると、自分の足で立ち上がることができて、母親のお乳を飲むことができます。しかし、人間はできません。なぜでしょうか。それは、人間は、子どもを未熟児として出産するからです。その理由は、「考える」ための脳を作ることと関係があります。つまり、考えることができる高度の脳が完成してから、出産することになれば、その大切な脳は硬い骨で保護する必要がありますから、もし、そのような状態で出産するとなれば、母体を傷つけてしまいます。そこで、人間は、その進化の過程で、脳だけは、未完成のまま、変形することに耐えられる状態で出産することを選んだと考えられています。だからこそ、出産の後は、すぐに、保育を伴った学習が必要となり、「学ぶ」ことによって、一人前の人間になるわけです。この時期での教育で重要な位置を占めるのが、「幼稚園・保育園」で行われるべき教育です。

　このように、本学が擁する専攻コースの役割は、人間が人間として生きていくために、もっとも、必要な基礎となる人生の側面をサポートすることを目的としていることがおわかりになると思います。本学が目指すものは、そのような意味で、地域社会のQOL、すなわちQuality of Life（生活の資質）の向上をサポートできる人材の育成です。

さて、さきほども、お話ししましたように、私たちは、一人では存在できるものではなく、人やものなどをふくめて、すべて、私たちの回りをとりまく環境があって、はじめて存在できるものです。現代の最新宇宙論の成果をふまえていえば、私たちの宇宙は、今から、およそ137億年の遠い昔、限りなく熱く小さい一粒の光から誕生したことが、証明可能な科学的事実として分かっています。その光は、すさまじい勢いで膨張を続ける過程で温度を下げると、光のしずくとなり、そこから、原子の素になる原初の物質を生み出しました。水素の霧です。それは、やがて巨大な雲になり、そこから最初の星が誕生します。星は、収縮を続けながら温度を上げ、内部で核融合反応を起こしながら輝きはじめますが、その過程で、次々に新しい元素を生み出し、やがて、燃やす材料が枯渇すると、バランスをくずして、大爆発を起こします。超新星爆発です。そうして、宇宙空間にばら撒かれた星のかけらから、太陽が生まれ、地球が生まれ、そして、そこからアミノ酸、たんぱく質が形成され、私たち生命が誕生しました。いうなれば、私たちは、すべて、星のかけらから生まれ、それは、星が終焉を迎えることによって、もたらされたものです。壮大な物質循環の一環として生まれたのが、私たち生命体だということです。

　あなたも、私も、同じ種類の原子の集団からできていますが、ただ、その組み合わせの違いが、あなたと私の区別を生み出しているに過ぎません。私たちは肺をとおして、空気中の酸素を体に取り込んでエネルギーを作り、その結果、生じる二酸化炭素を再び肺をとおして排出して生きていますが、その二酸化炭素を、私たちに必要な酸素に変えるのが樹木だとすれば、私たちには、体の中にある動物学的肺と、体の外にある植物学的肺という二つの肺をもっている、といっても過言ではありません。言葉を変えれば、私たちが、生きているということは、自分と、まわりの環境との間で、エネルギー交換が成立している状態だともいえます。そこで、この考え方を、社会における人間関係におきかえてみると、全体の中の個、また、個の中の全体という構図が浮かび上がってきます。この視点は、現代数学の中で「フラクタル」と呼ばれている概念とも関連しますが、個性を活かしながら、個性を結ぶことによって、全体として調和ある世界を構築するという理念の基礎になる考え方です。物理学の視点から考えれば、すべて

が、同一の構造をもつ要素から、組織全体を構築することはできません。それぞれの個性がなければ、安定な存在はありえません。そこに、必要なものは、個でありながら、独立しているのではない他との共存という関係です。

　実は、そこに、「やさしさ」の原点があるように思います。「やさしさ」とは、言葉をかえれば、「寄り添う」ことだと思います。「寄り添う」ということは、「自分と他との立場をおきかえて考える」ということです。あるいは、「他の人の状況を自分のこととして想像できる能力」といってもいいでしょう。この、「おきかえる」という考え方の基礎になるのが、今までにお話しした宇宙論的視野からみた人間の位置づけです。つまり、はじめは、すべて同じものから生まれたという事実、それゆえに、すべては互いに係わり合いながら、共存している存在であることなどです。そして、この「おきかえる」という気持ちを起こさせる基になる原動力が「情緒」です。といっても、すべてが、情緒に流されていては、正しい判断には至りません。そこに、必要なものは、理性による正しい判断能力です。

　そこで、本学における教育理念を、「理性と情緒」の調和におきたいと考えています。人類史始まって以来、戦いの火種が絶えたことはありません。この戦いを回避しようとしても、それは理性のみによっては、不可能です。それは、現代においても、大国の戦争主導者たちが理性を持っていないとは、いいきれないからです。そこに、必要なことは、自分の立場を相手の立場に「おきかえる」という気持ち、つまり「情緒」です。敵と見方という関係に固執している限り、戦いは終結しません。

　この理性と情緒の調和をもたらすための基礎になるものは、「理性にささえられた豊かな想像力」です。この「想像力」を涵養するものは、宗教性であり、また、美への憧れ、芸術の世界です。真の教養とは、まさに、それらを総合したところにあります。本学が目指すものは、そこにあります。それは、けっして秀才を作り出すことでもなく、すべてを如才なくこなすことができる"よくできる学生"を育てることでもありません。「気立てのよい」学生を育てることです。「いのち」とは、自分のためだけにあるものではありません。自分の「いのち」があるからこそ、他の人に喜ばれることができるのであり、他

の人に喜ばれることこそ、究極の自分の喜びになるからです。

　本学創立 40 周年の歴史を振り返り、「誠実で信頼される人に」という建学理念のもと、新たな未来への旅立ちという節目に、本書を刊行する運びになりました。お手元においていただけますならば、これに勝る幸せはありません。

鈴鹿短大からの発信

目　次

刊行によせて ……………………………………………………………… i

『鈴鹿短大からの発信』刊行に寄せて ………………………………… ii

40周年記念論文集発刊に際して―本学の教育が目指すこと― ……… iii

第1部　短大の教育編 ………………………………………………… 1

第1章　学長の特別講義から …………………………………………… 3
　1時間目：科学的ということ　　3
　2時間目：宇宙のひとかけらとしての私たち　　6
　3時間目：宇宙のデザイン原理　　9
　4時間目：対極の調和という宇宙のからくり　　12
　5時間目：宇宙のはじまりと「ゆらぎ」　　15
　6時間目：科学と宗教と芸術と　　18
　7時間目：美しい未来を夢みて　　21

第2章　鈴鹿短大の改革 ………………………………………………… 29
　1．専門職業教育機関としての本学　　29
　2．生涯教育機関としての本学　　33
　3．今後の方向性―より社会的ニーズに適応した教育の提供のために―　　35
　まとめ　　37

第3章　各専攻の実習 …………………………………………………… 41
　1．学び多い養護実習　　41
　2．栄養士養成課程における実験・実習の現況　　47
　3．こども学専攻の実習　　54

第2部　短大における研究編 …………………………………………… 65

第4章　教育現場におけるSST………………………………………… 67
　はじめに　*67*
　1.　SST（Social Skill Training）について　*68*
　2.　研究方法　*70*
　3.　実施内容　*72*
　4.　結果　*76*
　5.　考察　*82*
　6.　まとめ　*83*
　おわりに　*83*

第5章　中国内モンゴル自治区住民の食文化
　　　　　―阿日昆都楞鎮農牧場パオを視察して― ………………………*87*
　はじめに　*87*
　1.　視察地区の概要　*87*
　2.　パオでの生活　*89*
　3.　モンゴルの伝統的な食事　*92*
　4.　伝統的な食事の挨拶（歓迎の儀礼）　*97*
　おわりに　*98*

第6章　保育の比較研究 ………………………………………………… *101*
　1.　中国の保育　*101*
　2.　オーストラリアの保育　*107*
　3.　わが国の保育の現状　*114*
　4.　保育の比較研究を通しての今後の展望　*120*

第7章　短期大学における教養教育の実践―社会学の試み― ………… *125*
　はじめに　*125*

1. 短期大学における教養教育　*126*
2. 教養教育改革と社会学　*127*
3. 「社会学」の展開　*128*
4. 学生の授業評価　*142*

おわりに　*144*

第3部　歴史および地域編　……………………………………… *147*

第8章　開学40周年の歴史 ………………………………………… *151*
1. 出発期を語る　*151*
2. 発展期を語る　*156*
3. 激動期を語る　*162*
4. 本学の将来像を語る　*168*

第9章　生涯学習機関としての鈴鹿短大―公開講座への取組み― ……… *179*
はじめに　*179*
1. 鈴鹿短期大学における公開講座の始まり　*180*
2. 現在実施している公開講座　*181*

まとめ　*186*

おわりに ………………………………………………………………… *191*

編集後記 ………………………………………………………………… *193*

「享栄」の由来
　本学園に「享栄」の名称がついたのは、大正4年（1915年）4月「享栄学校」として認可されたときからです。学園のアメリカ式実務教育に興味を持っていた名古屋市長坂本杉之助氏（在任明治44年（1911年）7月～大正6年（1917年）1月）が創立者堀栄二先生に名付け親を頼まれ「有陰徳者必享其栄」とお書きになったのが、もととなりました。

2006 年度在籍の

鈴鹿短期大学生

第１部　短大の教育編

　教えるとは、希望を語ること、学ぶとは、真理を胸に刻むこと、それが本学の教育における基本理念です。

第1章　　　学長の特別講義から

佐治　晴夫

1時間目：科学的ということ

　みなさん、こんにちは。それでは、今から7回にわたって、私の特別講義を始めることにします。
　まず、科学は英語でscienceといいますが、この言葉は、もともとラテン語のscientia（知る）からきています。一方、日本語の漢字を分解してみると、科は、穀物の量を測るという意味をもっています。学は、屋根（宀）の下にかくれているこども（子）を、両手で引っ張りあげる（ツ）という意味をもっています。つまり、科学とは、外から知識をいれて、ものごとをおし測る方法を提供する学問だということになります。そこで、scienceという単語の頭に、「一緒に」、という意味のconをつけるとconscienceになりますが、これは良心という意味ですね。物事を知るということの裏には、良心が伴っていなくてはいけないということです。
　では、「学ぶ」ということは、どういうことでしょうか。一言で言ってしまえば、知の扉を開くことです。それは、知識を身につけるということですが、単に外から情報を受け取るということではありません。その情報についての理解が伴わなければ「学ぶ」ことにはなりません。それでは、「理解する」とは、どういうことなのでしょうか。それは、新しく外から仕入れた情報を基礎にして、未知のことを正しく推測できる能力を身につけることです。この場合の

「正しい推測」は、今まで、自分に備わっている知識のネットワークの中に、新しく取り込んだ情報を正しく位置づけることによって、はじめて可能になります。

このように、「知る」ということは、個人的なことではありますが、それが「正しく知る」ことであるためには、社会共通の理解において、知らなければ意味がありません。お互いのかかわりにおいて、知るということですね。

英語で「理解する」ということを understand というでしょう。under は、「下に」という意味で、stand は「立つ」という意味ですね。いいかえれば、相手と同じ目線、あるいは、下に立たない限り、理解はできないということです。このことを裏返して考えてみると、相手と自分の立場を逆転させて、あるいはひっくりかえして考えることなしには、理解には至らないということにもなります。しかし、現実には、相手になりきることは不可能です。私は私以外の何者でもなく、あなたは、あなた以外の何者でもないのですから。そこで、必要になるのが、豊かな想像力です。今、見えている相手の様子から、正しい推測をして、相手を理解しようと努力することです。これが、「情緒」とよばれるものです。相手の様相を、ありのまま見るのは理性ですが、理性だけでは、ほんとうの姿は見えてきません。考えてみてください。十分な理性を兼ね備えた人たちが、互いに争い、戦争の主導者にまでなってしまうのは、なぜでしょうか。それは、相手の立場に立って考える相互理解、いいかえれば、必要最低限の感情移入を伴う「情緒」が欠落しているからだともいえるでしょう。

さて、科学とは、今までもっていた知識の中に、新しい知識をいれることによって、新しい知の体系、あるいは枠組み（パラダイムといいます）をつくるいとなみです。ですから、あることを、覚えるだけ、なにかを思っているだけでは科学ではありません。ありのままを、いろいろな方向から見て、それを論理的に組み立て、真の姿に迫ろうというのが、科学の方法です。

たとえば、ある物体を見てＡさんは、○だといい、Ｂさんは、□だといったとします。○と□は、同じではありませんから、どんなに議論を重ねても満足な結論はえられません。そこで、○と□の共通項をいろいろ探ってみましょう。もし、今、見ているものが、お茶をいれる灌のような円筒形の物体であっ

たとしたら、どうでしょう。Aさんは、上から、Bさんは横から見ていたとすれば、お互いに納得がいきますね。人は、誰でも、自分が見たいように相手を見るものです。このときには、相手と共通のものさしを探すことが大切です。そのためには、同じ対象を、一方向からだけでなく、いろいろな角度から見ることが必要です。実は、これが科学的な見方です。

　ところで、あなたは、自分の顔を見たことがありますか？　鏡に映る顔は、上下はそのままでも、左右は反対、他人が見ているあなたの顔ではありません。写真やビデオに撮ってみても、それは、小さな点々の集合です。ピクセルですね。その点の中に、あなたの細胞の姿も、温かさも隠れてしまっています。しかも、2次元という平面情報です。他人が見るあなたの顔は3次元的な立体で奥行きがあります。あなたは、あなたの人生を終えるまで、自分の顔を見ることはできません。では、どうしたら、いいのでしょうか？それは、他とのかかわりを通して想像することです。あなたの前にいる人の表情には、あなたの顔の情報が投影されているはずです。このように、まわりとのかかわりを通して物事を間接的にではあるけれども、理解してゆくというのも、科学的方法のひとつです。

　そういえば、イギリスの作家、オスカー・ワイルドが、こんなことを言っています：「自然は芸術を模倣する」。私たちの日常の常識からいえば、いささか逆説的な表現です。芸術を作る人間は、自然の中で育まれた存在だからこそ、自然を表現する手段として芸術を作り上げてきたわけでしょう。しかし、その反面、人間は、自然を、それぞれの個性を通して見ています。誰にとっても、自然の光景は、同じように心のスクリーンに写っているわけではありません。となると、まず、心に投射された自然の映像があって、その映像をもとに、自然を認識しているといってもいいわけです。矛盾に満ちた表現ですが、その一方では、とても含蓄の深い表現ですね。

　さて、今、あなたが、読んでいる本の1ページ、その紙は何からできていますか？パルプだとすれば、それは樹木ですね。樹木は水がなければ、育ちません。その水をもたらすのは、雨ですね。雨を降らせるのは雲です。雲を造るのは、太陽の熱エネルギーです。となると、一枚の紙に耳を寄せたとき、雨の音

や木々のそよぎが聞こえるといっても、それは、詩人の世界だけでのことではなく、科学の世界のことだともいえるでしょう。科学の目と詩人の心は、意外に近いところにあります。別の言葉で表現すれば、真理は理性と情緒のバランス、あるいは調和があって、はじめて見えてくるものです。

そういう意味で、私は、この大学の教育基本理念として、理性と情緒の調和を掲げ、それらを大きな2本の柱として、幅広い教養を培い、それらを基盤にした専門教育をめざしたいと考えています。これから、みなさんが、本学で学んでいくであろう数々の最先端の知識は、みなさんの心の中の埋蔵資源となって、いつの日にか必ずや花開く日がくるはずです。

2時間目：宇宙のひとかけらとしての私たち

さて、宇宙のことを英語では、universe といいますが、これは"ただひとつのもの"という意味です。また cosmos ともいいますね。"美しいもの、あるいは調和したもの"という意味です。つまり、宇宙という言葉は、全体を包括するただひとつの調和した美しいものというニュアンスを含んでいます。

その一方で、宇宙という漢字の語源は、古い中国の文献：「淮南子」によれば、「宇」は四方上下、つまり「空間」、「宙」は往古来今、すなわち、過ぎ去って古くなるものと今から来るもの、という意味で「時間」のことを表しています。宇宙という言葉は、空間と時間の総称なのです。

このように宇宙とは、全体を表し、だからこそ、ただひとつのものである。ということなのですから、宇宙の外は、と問われれば、「ない」と答えるしかありません。もし、外がある、というのであれば、そこで考えている宇宙は、宇宙の一部分であるということになって、ほんとうの宇宙ではない、ということになります。そして、さらに、宇宙ができる前には何があったのか、という問いかけについても、宇宙とは、時間、空間のことなのですから、宇宙が生まれる前には、時間、空間がなかった、ということであり、したがって、宇宙ができる前という時間も存在せず、この問いかけは無意味だということなりま

す。

　ところで、私たちの日々の生活を考えてみると、私たちが生きているということは、体という体積で空間の一部を占有し、今を過去に、未来を今に引き寄せながら、「時間」を食べているという見方もできるわけで、人間そのものが、宇宙であるといってもいいかもしれませんね。

　それでは、宇宙とは、いつごろからあるものなのでしょうか？それとも、ずっとずっと昔からあったものなのでしょうか？　この問題に、現代の宇宙論は、はっきりとした答を持っています。宇宙は、今から137億年の昔に「無」としかいいようのない状況から生まれたということです。実は、そのことを示唆する2つの発見があります。1つは、1826年に、ドイツの天文学者H. W. オルバースという人が提唱した「オルバースのパラドックス」です。その主張が意味するところは、「もし、宇宙が無限に広がっているのならば、暗い夜空はありえない」というものです。このパラドックスには、宇宙空間における星の分布が、無限遠まで一様だという仮定がありますが、宇宙が膨張していることを予感させたり、宇宙のある部分に光を吸収する暗黒物質があるのでは、と私たちの想像をかきたたせる内容が含まれています。そこで、今、均一に木が生えている森の中に立っているとしましょう。そして、あたりを見回してみると、近くには木がありますが、その木と木の間には、より遠くにある木が見えています。そこで、もし、森が大きければ、木と木の間には、遠くの木がぎっしり詰まっているように見えますが、森が小さければ、木と木の間から、木がない部分、つまり、森の端が見えているでしょう。ここで、木を星に置き換えてみると、宇宙が、どこどこまでも広がっていて、端がなければ、星と星の間は、より遠くにある星で埋め尽くされ、私たちの周りは星だらけ、結局、ぎらぎら輝いていて、暗い夜はないということになってしまいます。しかし、現実には、暗い夜があります。ということは、この仮定のどこかに間違いがあるということになり、結論をいえば、宇宙の大きさは有限であって、より遠くの星からやってくる光ほど弱められる程度が大きいと考えたくなります。そのためには、遠くの星ほど、より速く遠ざかっていれば、いいということになります。

実は、1930年になって、アメリカの天文学者、E. ハッブルさんが、星からやってくる光を調べて、宇宙は膨張していることを発見しました。
　となると、宇宙は、時間を過去に戻せば小さかったということになります。ところで、小さいところに、すべての物質が閉じ込められていたとすると、そこはぎゅうぎゅう詰めで、エネルギーが凝縮されていることになり、とても熱い状態でしょう。熱い、つまり温度が高ければ、光り輝くでしょう。そこで、宇宙は、昔、とても小さく、熱かったということになり、光から生まれたと考えられるようになりました。ビッグバン宇宙論です。今から、およそ137億年くらい昔のことだったと考えられています。
　さて、そのようにして誕生した宇宙は、膨張しながら、温度を下げていきます。寒い冬の夜にお風呂に入っていると、あたたかいお湯の水蒸気が、冷たい窓について冷やされ、水滴ができることは、みなさんも経験しているでしょう。それと同じ理由で、膨張する光のかたまりは、膨張によって、冷えてゆき、光のしずくが、物質のもとになる粒子を生み出します。そして、それは一番、簡単な構造をしている水素でした。つまり、宇宙のはじまりとは、膨張する宇宙空間に、水素の雲がただよっているという光景だったようです。やがて、その雲は、引力で結び合い、大きな雪だるまのように成長します。すると、その重さによって、縮み始め、中心温度が上がってくると、水素同士が結合してヘリウムを作る反応が起こります。いわゆる核融合反応です。これが、原始星の誕生です。このように、星は、光り輝く過程で、ヘリウム、窒素、炭素、酸素などを次々に合成していきますが、燃やす材料が枯渇すると、みずからの体重を支えきれなくなって、一挙に収縮し、中心部に沈んでいる残った燃料に火がついて爆発し、宇宙空間に飛び散ります。超新星爆発とよばれている現象です。そこから、再び、第二世代の星が誕生します。そして、太陽が生まれ、地球が生まれ、みなさんが生まれました。小鳥も、木も、そして、人間も、焼けると黒くなってしまいます。それは、命のもとは、炭、つまり炭素だということですね。その炭素は、すべて、星の中で作られたのですから、みなさんは、1人の例外もなく、星のかけらで、できているということです。別の言葉を使えば、「星をまとって生きている」といってもいいですね。あなたの

体の中にある炭素と、私の体の中にある炭素は、物理の目から見れば、まったく同じものです。同じ材料でも、その組み合わせが違うと、あなたになり、私になるということですね。このように、宇宙の中で起こっているすべてのことは、壮大な物質循環のひとこまです。私たちの体は、すべて、宇宙のかけらからできています。ですから、そんなことを考えている私たちの脳も、宇宙のひとかけらなのですが、考えてみると、脳があるからこそ、宇宙の認識ができて、そのからくりを知ることができるわけで、そうなると、宇宙が先なのか、脳が先なのか、あたかも、鶏が先か、卵が先か、という問題と同じような状況です。その解決としては、宇宙と人間を別のものとして、区別せず、互いにかかわりあいながら、共存している存在として捉えるしかないでしょうね。宇宙の中の私、私の中の宇宙、宇宙との一体感です。仏教では梵我一如と表現しています。サンスクリットで言えば、梵は、ブラフマン、宇宙ということで、我は、アートマン、息をしている私、という意味です。

3時間目：宇宙のデザイン原理

　ところで、私たち、人間は、どうしてこのような形をしているのでしょうか。例外的な場合を除けば、身長はおよそ2m前後、体重はせいぜい100kg前後です。この事実は、宇宙の性質と密接な関係にあることがわかっています。今、あるような人間の形をデザインしたのは、宇宙の中にある3つの環境条件です。1番目は、「今ある地球の大きさ、つまり直径が1万3,000kmであること」、2番目は、「今あるような地球の重さ、いいかえれば、6と書いて、そのあとに0を24個つけた数のkg」、そして、第3番目は、「今、あるような地球と太陽との距離、すなわち1億5,000万km」という3つの条件です。まず、1番目と2番目の条件から、地球の重力の大きさが決まります。私たちの骨の大きさや、体のサイズは、地球の重力にうまく適合するようにデザインされています。もし、地球の重力が今よりも大きかったら、体を支える骨格は、もっとしっかりしていなくては、いけません。足の太さにしても、猫の足

よりも、象の足が太いのは、象の方が重いからですね。そこで、もし、地球の重力が、今よりも小さかったら、もっと足は細くて、歩くにも楽だったでしょう。しかし、重力が小さければ、私たちが生きていくのに欠かせない空気も、地上から離れてしまって、生きていけなくなります。それらに加えて、私たちが吸っている空気が気体であるためには、今あるような気温が必要です。もし、温度が低ければ、空気は液体になってしまって、肺の構造も違ってきたでしょう。今、あるような最適な地上の温度をもたらしてくれるのは、太陽と地球との距離が、今、あるような距離になければなりません。というわけで、今あるような、体の機能や形をデザインしたのは、ほかならぬ、地球のサイズや、太陽との位置関係です。

このように、私たちの存在は、宇宙のかたちと密接にかかわっています。前にもいいましたように、私たちも宇宙の一部だということですね。

では、どうして、手や足ができたのでしょうか。それは、ずっと昔、私たちの祖先が魚だったころ、地球の火山活動や、空から降ってくる星の激突などで、地上が干上がり、魚たちは、干潟でえさを探さねばならなくなったとき、胸びれや背びれでは、えさをとるのに不便ですから、それらが、手と足になったと考えられています。

それにしても、私たちの祖先が魚だったなどと、どうしていえるのでしょうか。その答は、「まばたき」にあります。私たちが、まばたきをするのは、目の表面をぬらすためですね。目がかわくと、ピントが合わなくなり、苦しくなります。そのためには、まばたきをして、涙で目の表面をぬらします。一方、魚はまばたきしませんね。それは、いつも、水の中にいて、ぬれているから、まばたきの必要はないのです。でも、私たちの祖先は、魚だったという証拠があるのでしょうか。よく考えてみてください。あなたたちは、今から何年か前にはお母さんの胎内にいたでしょう。そこは、羊水に満たされていて、魚のような環境でした。胎内で卵細胞からヒトへの進化を見ると、受精後32日目の姿は、まるで魚です。古代の軟骨魚類、たとえば、サメのエラのような形が残っています。それから、わずか48時間たった34日目になると、鼻がすぐに口にぬけるような両生類の姿になります。これは、水から陸に上がる準備をしてい

るようにも見えます。さらに 36 日目になると、原始爬虫類のような姿になってきます。そして 38 日には、喉などの器官が形成されて、肺で呼吸する原始哺乳類の姿になり、それから 48 時間後の 40 日目になると、なんとなくヒトっぽい形になります。つまり、32 日目から 40 日目までの一週間で、魚から人間までの道のりをかけぬけています。そして、受精から出産までの期間は 38 週間です。実は、地球の上に生命が芽生え、現在に至るまでの期間は、およそ 38 億年です。となると、お母さんの胎内で過ごす一週間は、地球進化の時計では 1 億年になります。すごいことですね。物質から生まれた生命がもつ不思議な力です。しかし、どの時点で、物質から生命に切り替わったのかということは、とても難しい問題です。ただ、はっきりしていることは、宇宙のからくりの中で、生命も誕生したのですから、宇宙と生命は、切っても切れない関係にあるという事実です。もし、周囲の条件が少しでも違っていたら、物質から生命への道は閉ざされていたでしょうし、生命が芽生えたとしても、そこから人間への道を歩んだかどうかはわかりません。

　そこで、少し、極端な考え方ですが、宇宙の中で生命が芽生えたのは、宇宙自身が、自分自身の姿を見るための目として、人間をつくり、宇宙とは何か、というようなことを考える脳を育てた、ともいえます。いわゆる「人間原理」とよばれている比較的新しい考え方です。

　ところで、さきほども、お話ししたように、あなた自身には、宇宙のからくりが投影されています。ということは、裏を返せば、宇宙の研究とは、人間自身を知るための研究だといってもいいでしょう。太陽のことや、銀河のことや、宇宙の構造がどのようになっているかを研究することは、確かに、宇宙研究の一部ではありますが、それらがすべてではありません。自分をとりまく環境としての宇宙を知ることは、そのまま、自分自身を知ることでもあるのです。それを逆の立場から見ると、自分自身には、宇宙のすべてが投影されているといってもいいかもしれません。私たちの体の中には、宇宙誕生から今まで、137 億年の歴史がそのまま、映し出されているということです。部分の中に全体が投影されているということです。この性質を、数学では、フラクタルといいます。例えば、樹木の形をよく観察してみると、大きな Y 字形の幹の分

岐の中に、それより少しだけ小さなY字形の枝の分岐があり、その先には、葉の分岐があって、葉の中には、やはりY字形の葉脈の分岐があるというように、樹木は、すべて、Y字形の分岐の連続、いいかえれば、「入れ子構造」でできています。自然界を眺めてみると、ほとんどが、このような性質でできていることがわかります。ということは、全体の中に、部分が投影されていると考えてもいいですね。あるいは、部分が全体とつながっているといってもよいでしょう。

このフラクタルという考え方は、時間についても、同じようなことがいえます。極端な表現をすれば、永遠は今の中にあるということでしょうか。つまり、今という瞬間には、あなたの一生が凝縮され、投影されているといっても言い過ぎではありません。とすれば、この90分の授業を受けている今のあなたは、あなたの一生を表現しているといってもよいでしょう。ですから、今を、しっかり生きましょう、ということですね。一期一会ということです。こうして考えてみると、前の時間にも、お話ししたことですが、宇宙の中の私、私の中の宇宙ということの意味が見えてきますね。私たちの存在は、宇宙と切っても切れない密接な関係があるということです。

4時間目：対極の調和という宇宙のからくり

宇宙の研究を通して、見えてくる重要な性質が2つあります。その第1は、宇宙のことも含めて、私たちの日常生活に至るまで、すべて、反対の性質が、ほどよく調和してできているということです。

実は、宇宙の中に存在するプラス電荷の量とマイナス電荷の量は、ぴったり同じです。もし、違っていると、余分の電荷は、同じ符号ですから、互いに反発しあって、宇宙は、たちどころに壊れてしまいます。例えば、食塩、NaClはナトリウムNaと塩素Clがくっついたものですが、Naは電子を1つ失ってプラス電気を帯びる傾向があり、Clは、電子を1つ呼び寄せてマイナス電気を帯びる傾向があります。そこで、NaとClは、互いにくっついてプラスマイ

ナスゼロを目指そうとします。その結果、できる化合物が、食塩、NaClです。また、星が光っていられるのも、星が自分の重さでつぶれようとする力と、星の内部で起こっている核融合反応で、外側に広がろうとする力がつりあっているからです。そこで、もし、核融合反応に使われる燃料が枯渇してくると、内側から星全体を支える力がなくなりますから、星は一挙に収縮し始めます。そうすると、内部の温度が一時的に上昇し、残った燃料に火がついて、爆発して、最後を迎えます。超新星爆発とよばれている星の終焉です

ところで、私たちが床の上に立っていられるのも、私たちの体重が、足をとおして床を押さえている力と、床が私たちの足を押し返している力が同じで釣り合っているからです。すべては、対極の性質が、バランスしているからこそ、安定した存在になっているのです。

日常生活のレベルでも、同じようなことがいえます。明と暗、光と影、男性と女性、善と悪、幸と不幸、出逢いと別れ、上りと下り、有と無、見えるものと見えないもの、喜びと悲しみ……、など、すべてワンセットで、できています。実は、ギリシャ時代の哲学者、プラトンは、光と影について、次のようなことをいっています。「真理の光をまともに見ようとすれば、目がくらむであろう。だから、真理の光に照らされた自分の影をみなさい」。また、鎌倉初期の僧、親鸞は、有名な著作「歎異抄」の中で、こんなことをいっています。「善人なおもて往生をとぐ、いわんや悪人をや。しかるを、世の人、つねにいわく、悪人なお往生す、いかにいわんや善人をや」、口語に訳せば、「善人ですら極楽浄土に行けるのであるから、悪人が行けるのは当然である。なのに、世間では、悪人でさえも極楽浄土に行けるのだから、善人が行けるのは当然ではないか、と誤解している」というのです。ここで、親鸞が言いたかったことは、「善人は、自ら善行を積んでいることを自負しているがゆえに、謙虚な心を忘れがちである。しかし、悪人は、悪の自覚があって、仏様にすがろうとする心を持っているから、救われるのだ」ということでしょう。現代の社会でも、善と悪は、自分が立っている立場によっては、逆転することがあります。加害者と被害者でも同じです。それぞれの立場で、善であると思っていることが、相手から見れば悪になる場合は少なくありません。戦争がそうでしょう。

正義の剣という考え方もそうですね。さらに、有と無も同じような状況にあります。たとえば、金魚鉢の中に浮かんだ泡を金魚が見たら、そこは水がなくて、いつも、自分が住んでいるところとは異なる環境ですから、あたかも、私たちが見る風船のように思うでしょう。しかし、水の外に住む私たちから見れば、そこは、水がない「からっぽ」の空間に見えます。箱の中にお菓子が１つも入ってなければ、振っても音はしません。ところが、お菓子がぎっしり入っていれば、やはり音はしないでしょう。「いっぱい」と「からっぽ」は、同じように見えてしまうということです。また、ある人がいない、ということが、かえってその人の存在感を高めてしまい、「いない」からこそ、「いる」という感覚にとりつかれてしまうこともあるでしょう。「有」と「無」の関係は、こんなに密接なのです。今、みなさんが、使っている携帯電話や、テレビ、ラジオなど、現代のエレクトロニクスを支える半導体技術の基本には、この「"ない"から"ある"」という性質が使われていることをつけ加えておきましょう。

　それから右脳と左脳もそうですね。右脳は感性を、左脳は論理を司る場所だといわれています。しかし、算数を解いている場合の脳の働きを調べてみると、数理的なことを、まず、文章になおして考え、解いていることがわかっています。つまり、算数は、国語で解いているということですね、同じ内容の文章を、メールで打っているときには、右脳が働き、手書きで文字を書いているときには、左脳が働いているのだそうです。このことから、メールは、衝動的になる場合が多く、感情を伴うやりとりには危険だということがわかります。手紙は、考えながら描くので、心を伝えるのには、いい方法なのでしょうね。それに、筆跡には、それを書いている人の気持ちが表現されますから、手紙というのは、とても優れたコミュニケーション方法だと思います。そして、右脳と左脳をつなぐところが、前頭前野部で、ここは、いわゆる芸術脳です。相対するものを統合するのが、芸術なのかもしれませんね。

　さて、宇宙の研究からわかってくる第２番目のことは、「すべてはかかわりあい、つながっている」ということです。前にも、お話ししたことですが、宇宙は、今から137億年のはるかな昔、限りなく熱く、まばゆい一粒の光から生まれたことがわかっています。光のしずくは、星となり、星は命のもとをつく

り、私たちが生まれました。みんなつながっているということですね。イギリスのオクスフォード大学のB.サイクス先生は、遺伝子の構造を調べて、世界中の人類は数人のお母さんから生まれたという結論を出しています。私たちは、空気中の酸素を吸って生きていますが、呼吸として吐き出す二酸化炭素を吸って、私たちに必要な酸素を造ってくれるのは樹木です。つまり、樹木は、私たちの体の外にある「もうひとつの肺」の役目をしています。となると、樹木を切るということは、体の外にあるもうひとつの肺を切ることだともいえますね。みんなつながっているということです。命の連鎖だけではなく、今、存在しているすべてのものは、共存しているということですね。

そこで、極端な例ですが、なぜ、人を殺すのがいけないのか、といえば、他人と自分はつながっているわけですから、他人を殺すことは、自分を殺すことになる、という理屈が成り立ちます。このような考え方は、多元的な価値を並列的に扱い、両極端の答えに偏ることを戒める仏教的な考えに近いですね。これを中道といいます。同じ神を敬いながら、闘争を繰り返しているイスラム教、キリスト教、ユダヤ教の世界とは、まったく異なる世界観です。このような考え方は、宗教や哲学からのみでてくるものではなくて、純粋に科学がもたらした世界観からも導かれることを忘れてはなりません。宇宙研究からもたらされた智恵は、これからの世界平和を目指すための"道しるべ"になるはずです。

5時間目：宇宙のはじまりと「ゆらぎ」

私たちの身のまわりで起こっているすべてのできごとには、起こる原因があり、そこから結果が生じています。この問題をつきつめていくと、宇宙の起源というところにまで遡ってしまいます。すべてのできごとの前に、まず宇宙がなければ、何も始まらないということですね。

ところが、宇宙とは、すべてを包括する唯一無二の存在の総称ですから、宇宙を生み出す原因を、宇宙の外に求めることはできません。宇宙は、それ自身

で完結している存在だからです。となると、この宇宙の「はじまり」をどのように考えればいいのでしょうか。その答えは、誰の力も借りずに、何もないところから、自分自身を生み出すことができるかどうかを探すということにあります。しかし、この問いかけは、ものごとの因果関係を解明することを目的とする科学の領域を逸脱していますから、結局、今までは、宗教や哲学の問題だとされ、科学で論じてはならないとされてきました。

となると、宇宙のはじまりは永遠の謎なのでしょうか？そこに登場したのが、「ゆらぎ」の理論です。「ゆらぎ」について、きちんとお話しするのは、あまりにも専門的になりすぎますのでここではひかえますが、一口で言ってしまえば、この宇宙に存在するすべての原子分子の運動を支配する根源的性質だといえるでしょう。いいかえれば、気温でも風速でも、あるいは、星のまたたきでも、心臓の鼓動でも、いつも、ゆらゆら、揺らいでいて、完全な静止状態や、一定のリズムを固持する一定性がないということです。全体としての平均値のまわりでゆらゆらしているということですね。気温が20度だ、といっても、平均が20度だということで、20度を中心にして、少し上がったり、下がったりしています。当たり前のことのように思えるかもしれませんが、この性質は、原子、分子の世界に特有な性質で、それが、私たちの目に見える普通の物質や、日常の現象などに影響を与えています。なぜなら、すべては、原子、分子でできているからです。とくに、原子と原子が結びついて分子になり、さらに、それらが結びついて目に見えるような物質になるためには、不可欠な性質です。それは、原子同士が目に見えない粒子をやりとりすることによって、結びつくという考えの基礎になるものです。私たちだって、キャッチボールをしていれば、お互いに離れ離れにはなれないでしょう。しかし、この「ゆらぎ」がなぜ存在するのか、ということについては、いまだにわかっていません。逆説的な言い方ですが、「ゆらぎ」がなければ、すべての物質、とりわけ、なぜそうなの？と問いかける私たちの脳も存在しないわけですから、最初からあった……としか言いようがないのです。

ところで、最近になって、この「ゆらぎ」が宇宙のはじまりを解く鍵になるのではないかと考えられるようになりました。たとえば、4時間目の授業でお

話ししたことですが、宇宙は、すべて反対の性質のものが、同じ分量だけあって、それらがバランスすることによって成り立っています。たとえば、それを仮に、プラスとマイナスの性質だとしましょう。両方がぴったり重なっていれば、プラスマイナスゼロですが、もし、何らかの「ゆらぎ」があって、ずれると、重なった部分から、プラスの部分とマイナスの部分が、はみ出すでしょう。ここで、仮に、重なってゼロの部分が、目には見えないとしましょう。すると、ずれることによって、はみ出した部分が、新しく生まれたように見えるはずです。これが、何もないところ、すなわち「無」からの宇宙創生のイメージです。このような考え方の根底には、私たちの脳が、変化することを通して認識できるように造られているということがあります。たとえば、同じ音が、ずっと鳴っているだけでは音楽にはなりません。そのうちになれてしまって、音が鳴っていることさえ、気づかなくなってしまうでしょう。同じ香りを嗅ぎ続けていると、やがて、香りがわからなくなります。私たちは、変化することによって、感じることができるのです。そこで、宇宙のはじまりが、仮にこのような一様な状態だったとすれば、それは、私たちの認識の彼方にあり、「何もなかった」としか言いようがない、ということになります。

　実は、最近になって、宇宙のはじまりのきっかけになったとみられる「ゆらぎ」の痕跡が見つかりました。思い起こせば、今から40年ほど前に、宇宙のすべての方向から謎の宇宙電波が飛来していることが発見され、宇宙背景放射と名づけられました。そして、おそらく、この電波こそ、ビッグ・バンによる宇宙創生の残り火だろうと思われてきましたが、その強さも方向もほとんど一様だったために、ビッグ・バンの確証には至りませんでした。その後、米航空宇宙局（NASA）は1989年に宇宙背景放射観測衛星「COBE（コービー）」を打ち上げ、一様だと思われていた電波の中に、わずかな「ゆらぎ」を発見しました。そうして、2002年に「WMAP（ダブリューマップ）」と呼ばれる探査衛星が再度打ち上げられ、宇宙ができた直後の「ゆらぎ」が確認されました。いいかえれば、宇宙開闢直後に仕込まれた宇宙デザインのデッサンのようなものですね。これらの業績によって、2006年度のノーベル物理学賞が、NASAのジョン・マザー博士と米カリフォルニア大学のジョージ・スムート教授に決

まりました。これらの発見によって、今までは、理論的な想像だけで言われていた宇宙開闢のシナリオが、観測可能な実験科学としての第一歩を踏み出したことになります。私たちの宇宙は、今から137億年の遠い昔、ただ一粒の限りなく熱くまばゆい小さな光から誕生したことが、証明可能な科学として明確にされたわけです。

　ところで、宇宙の構造を形作る根源的な力は重力です。宇宙の中の霧を集めて星をつくり、太陽系のような惑星系を造る原因となる力です。私たちは、手から物体を落としたときに、何秒間でどれだけの距離を落下するかを実験的に確かめることができます。その結果を使って、宇宙の中の星や銀河の分布を調べてみると、まだまだ、私たちの宇宙は完成しておらず、進化していることがわかります。となると、私たちの宇宙の未来は、どうなるのでしょうか？その答えを握っているのは、宇宙の中に存在する全物質の量ですが、今のところ、それは定かではありません。ただ、宇宙の未来は、①このまま膨張を続けていくか、それとも、②ある大きさまで、静かに近づいていくように膨張を続けていくのか、あるいは、③ある大きさに達した時に、今度は収縮に転じるか、その3通りであることは確かです。アインシュタインの相対性理論によれば、空間の状態と時間の進み方は密接に関係していますから、未来の宇宙において、私たちの意識がどのように宇宙を捉えていくのかについては、まったく霧の中です。しかし、私たちは、自分の誕生の瞬間も終焉の瞬間も、自分自身で見ることはできないのですから、「今」という時をあなたにとっての「永遠」の時として生きることが、真の人生であるような気もします。

6時間目：科学と宗教と芸術と

　みなさんは、イタリアのガリレオ・ガリレイ（1564−1642）を知っていますね。ピサの斜塔から重いものと軽いものを同時に落として、落下の仕方は重さに関係のないことを証明したり、振り子の等時性など、たくさんの発見をした科学者ですが、中でも、地動説を唱えた人として有名です。実は、当時のカ

トリックでは、神の恩恵は特別に地球に寄せられているという考えがあって、だからこそ、地球は、全宇宙の中でもっとも、恵まれた星であり、したがって、空の星は、太陽でさえも、すべて、地球を中心にして回っているものだと信じられていました。ところが、ガリレイは、実際の星の動きから、地球を含めた惑星たちは、すべて、太陽の周りを回っていると確信していました。その頃、同じイタリアの神父でジョルダーノ・ブルーノ（1548-1600）という人がいました。この人は、宗教者の立場から、神の恵みは、宇宙全体に及ぶものであるから、地球を特別扱いするようなことはせず、地球の他に地球のような星があってもよいとして、必ずしも、地球中心でなくてもよいと考えていました。ある意味での地動説支持者でした。そして、2人ともに、ローマ教皇庁異端審問所に呼びつけられ裁判に付されました。そこで、2人の運命は大きく分かれます。ガリレイは、新しい発見があれば、書き換えられるのが科学で、いずれは真実が明らかになることを信じ、自説を撤回して、生き延びます。"だが、地球は動いている"とつぶやいたと言い伝えられていますが、おそらく、無事、世間に戻ってからのことでしょう。その一方で、ブルーノは、信念そのままの生きかたを貫くことが、宗教者としての証だとして、自説を曲げることなく、今日、「花の広場」として人々に親しまれている場所で、火焙りの刑に処せられました。ここに、科学と宗教の違いを垣間見ることができます。信念を貫くために命をかける姿勢は感動的ではありますが、その一方では、宗教者、信仰者が陥りやすい思考停止という危険性も感じます。神を信じている人は、神という存在を絶対視していますが、それゆえに、神とは何かを考え、説明するまでもなく、最初からわかっているものとしてものごとをすすめてしまい、それ以上、考えることをしない。それが思考停止です。実は、初代キリスト教会最大の教父にアウグスティヌス（354-430）という人がいます、その代表的な哲学書「告白」の中に、時間についての見解が書かれています。「時間とは、問われるまでは、知っているつもりになっているが、いざ、問われてみると分からなくなるものである。……過去は、すでに過ぎ去ったものであるから存在しない。未来は、いまだ、来ていないものであるから存在しない。とすると、過去でもなく、未来でもない現在というものがあるのであれば、過ぎ去

ることをせず、永遠である」と。つまり、現在が過ぎ去るのであれば、過去になって、存在しなくなるのだから、現在は過ぎ去らない、としたのです。これは、典型的な宗教の言葉ですが、これらを、科学や数学の言葉で再構築してみると、科学だけでは、到達しえなかった新鮮な世界観が広がります。このように、科学と宗教は別のものなのですが、感覚的には、相通じる要素があります。それを感じる心は感性であり、情緒でしょう。それらを繋ぐところに芸術の出番があるようにも思います。

　1977年初秋、NASAは、太陽系・外惑星探査を目的として、探査機ボイジャーを打ち上げました。そこに、地球からのメッセージとして一枚の録音盤が搭載されましたが、その中に、バッハの平均律クラヴィア曲集、第1巻から第1番、ハ長調、プレリュードを、私の提案で搭載しました。なぜ、バッハだったのでしょうか。その理由は2つあり、1つは、この曲の中に潜む数学的構造です。私は、宇宙の中で広く通用する共通の言葉は数学だと思っています。記号などの読み方はともかくとして、両手に5個のみかんを持っていて、そこから2個ずつとれば、残りは、3個で同じだという論理や、A＞B、B＞CならばA＞Cだというような論理は、どこの宇宙にいっても変わらないでしょう。2つには、音楽こそ、脳の一番、奥に浸透する外部刺激だからです。私たち人間の胎内での脳の形成を調べてみると、視覚や触覚などに比べて、聴覚は、一番時間をかけて、ゆっくり丁寧に造られます。これは、人類の進化の過程からもうなずける事実です。というのは、今から、数千万年前、当時の地上を独占していた生物は、恐竜でした。その時代、私たちの祖先は、耳の悪かった恐竜が活動しない夜間に乗じて、耳を発達させながら、進化してきたことが、恐竜の化石などの研究から明らかになっています。つまり、聴覚の発達が脳を育てていたのです。このことは、人類進化の途上で、言語が発明される以前から、音によるコミュニケーションが行われていたことが、遺伝子研究からも明らかにされており、しかも、現存している数万年前の洞窟壁画にも、音楽を使って心の治療をしているらしい状況が描かれていることとも一致しています。

　そこで、もし、私たちと似たような知性をもつ地球外生命、すなわちE. T.

と遭遇した時に、数学と音楽で交信しようというのが、私の提案でした。ここで、さきほど、紹介したバッハの曲は、とても、数学的な構造をしていますから、この目的のためには、適した曲だと判断したわけです。

このように、科学、宗教、そして芸術は、いろいろの意味で、決して遠い存在ではなく、人間が築いてきた貴重な文化の側面であることを覚えておいてください。ロシヤの文豪、ドストエフスキーは、「人は科学がなくても生きられる。だが、美がなければ生きてはいけない。いや、科学も、美がなければ生まれなかっただろう」といっています。科学の芽は、驚きの中にあります。驚きは、絶妙につくられた自然への畏敬の念へと私たちを誘い、そこには美があります。宗教が極まったとき、そこに内在するのは、美であり、芸術が極まったとき、そこには人知を超えた宗教的な響きがあります。西欧のカテドラルでも、東洋の寺院でも、そこにあるのは、美の世界そのものでしょう。また、そこにある美術や奏でられる音楽には、普通の言葉では表現しきれない神への賛美が語られています。この両極端の世界は、主として、直感的に感じる感性、あるいは情緒に支配される世界ですが、その両者をつなぎ、それらの世界に論理の言葉で普遍的な意味を与えるのも科学の役割です。

しかし、科学の世界でも、私たちの毎日の生活でも、一度、知ってしまったことは、もう知らないとはいえません。知ることは、キリスト教的にいえば、罪の始まり（原罪）のような意味を持っていますが、知ってしまい、もとに戻れないからこそ、その枠の中で考えていかねばならないのです。知ることのすばらしさ、それによってもたらされる危うさや罪というものとのバランスを保ちながら、考え続ける姿勢を持たなければなりません。"思う"と"考える"は違います。"正"と"否"を"合"にして、新しい価値観を創造していくことにこそ、正しい人生を歩むための一つの指標が見えてくるはずです。

7時間目：美しい未来を夢みて

私の講義も、今回が最終回です。この時間は、宇宙と平和の問題について、

お話しします。みなさんもご存知のように、人類の歴史は、闘争の歴史であるといってもいいほど、戦いに明け暮れてきました。一体、なぜなのでしょうか。その理由の1つは、子孫繁栄のために、強い遺伝子を残そうという生物特有の本能活動なのかもしれませんが、もう1つは、人類の進化の代償かもしれないと、私は思っています。つまり、この地上に存在する4,200種あまりの哺乳類の中で、唯一、"考える"ことができるのは人間だけです。この"考える"というのは、"思う"ということとは別のことです。たとえば、ある花を見て美しいと私が思った時、その"思い"は私にとっては、真実です。しかし、もし、あなたが、その花を見て、美しくない、と思ったとしたら、その"思い"は、やはり、あなたにとっては真実です。この食い違いをどのように処理して、1つの結論を出したらいいのか答えを探すことが、"考える"ということです。いいかえれば、互いの間の共通項を探すという営みですね。

　さて、"考える"力の源は脳にあります。そこで、胎内で、しっかりとした脳を育てるのが理想ですが、考えてみると、脳は一番大切なところですから、硬い頭蓋骨でしっかりと保護しなければなりません。となると、脳を完成させた状態での出産は、母体を傷つけることになります。そこで、未完成のまま、出産するようになりました。犬でも馬でも、生まれたばかりの赤ちゃんは、自分で立ち上がってお乳を飲むことができます。しかし、人間はできません。それは、未熟のまま、生まれてくるからです。そこで、生まれてからの教育が必要になります。ところで、子どもを育てるのは、母親の役目ですが、子どもが未熟であるために、母親は、子どもにかかりきりになることを余儀なくされ、群れとしての集団行動がとりにくくなり、次第に孤立していきます。となると、外敵からの襲撃などに対して無力となるので、同じような立場の人たちが集まって集団を作るようになり、それが、村や町、ひいては、国家のような組織に発展します。そうなると、それぞれの集団の中では、気候や人種などの地域性によって、異なる価値判断の基準ができますから、そのことが違った集団同士の衝突を引き起こし、やがて戦争へと発展するようです。

　それでは、戦争は回避できるものなのでしょうか。その方法の1つは、それぞれの集団が、互いに同じ価値判断の土俵に立てるよう努力することです。そ

のためには、例えば、私とあなた、から、あなたと私に、立場を入れ替えて想像できる力を養うことでしょう。それは、考える力があってこそ、できることであって、人間にしかできないことです。いえ、人間だからこそ、できることだと言ってもいいかもしれません。相手の立場になって、考えるということは、とても難しいことです。それには、みずみずしい感性と冷静な理性に裏打ちされた豊かな想像力がなければなりません。それを培うのが、教養です。

　宇宙の研究がもたらしたいくつかの事実、すなわち、すべては起源が同じであること、すべては、互いにかかわりあっていること、そして、すべては、両極の性質の調和から成り立っていること、などが理解されたとき、そこから、平和への第一歩が踏み出せるのはないかと思います。平和教育の一環としての宇宙研究のあり方です。

　"もの"そのものには意味がなく、それに意味を与えるのは"心"です。ほんとうのやさしさ、とは、相手を助けることでも、可愛がることでもなく、ひたすら、寄り添うことでしょう。そして、すべてを信じ、すべてを望み、そしてすべてに耐えることでしょう。新約聖書、コリント人への第一の手紙、第13章、4節にあるとおり、それが"ほんとうの愛"だと思います（註1）。

　みなさんは、「慈悲」という言葉を知っていますね。サンスクリットでは、「慈」は"メッタ"、人に安らぎを与えてあげられたらいいな、と切に望むこと、そして「悲」は"カルーナ"、人から苦しみをとってあげられたらいいな、と切に望むことを意味しています。"あげられたらいいな"と望むことこそ、「寄り添う」ということです。やさしさ、は押し付けるものではありません。

　ところで、20世紀初頭に日本が生んだ天才童謡詩人、金子みすゞの代表作に「大漁」という詩があります（註2）。浜で大漁を祝う漁師たちと、海のなかでは、人間に獲られた魚たちのお葬式が同時進行しているという風景、そして、「すずめのかあさん」という作品では（註3）、小雀をつかまえた人間のこどものお母さんは笑っているけれども、自分の子どもをつかまえられた雀のお母さんは、恐怖におののいているという風景、「はまの石」では（註4）、浜辺の石は小さくてかわいいのだけれど、みんなで、手をつないで、あの大きな海をかかえているから、とてもえらい石だ、といっています。いずれも、対極から眺

めたときの価値判断の逆転を謳っています。そして「星とたんぽぽ」では（註5）、昼間の星は見えないけれど、ほんとうはあるんだよ、という事例をあげて、見えないからといって、ないのではないことを私たちに、やさしい言葉と情景描写を通して教えてくれています。また、同じく現代日本を代表する童謡詩人のまど・みちお、さんは、「リンゴ」という作品の中で（註6）、ひとつだけあるリンゴが、それ自体でリンゴのすべてをつくしているという情景から、"ある"ことと"ない"ことがまぶしいようにぴったりだ、と謳っています。また、フランスの作家、サン・テグジュペリは、彼の代表作、「星の王子さま」の中で、"大切なものは目に見えない"といい、宮沢賢治は、彼の思想の集大成である農民芸術概論綱要の最後のところで、"新たな時代は世界が一の意識になり、生物となる方向にある"と論じ、"正しく強く生きるとは、銀河系を自らの中に意識してこれに応じていくことである"といい、"まづもろともにかがやく宇宙の微塵となりて無方の空にちらばらう"と、呼びかけています。

　私の特別授業は、今回をもって終了しますが、今、紹介した詩人や作家の作品を、自分自身でひもとき、大いなる理想と希望を描き、あなた自身の美しく豊かな未来を築いていってほしいと願っています。「思う」ことは誰にでもできます。「考える」力をつけましょう。そして、それを「行動」に移しましょう。「主よ、人の望みの喜びよ」として親しまれている有名なバッハのカンタータがありますね。147番です。その原題は、「心で思い、口にだして、行動し、そこから、あなたの人生がはじまる」というものです。

　それでは、最後に、このカンタータと、6時間目の授業でお話ししたように、地球からのメッセージとして、宇宙探査機、ボイジャーに搭載して、まだ見ぬ宇宙の隣人たちに向けて送ったバッハのプレリュードを演奏して、おしまいにします。そして、もし、宇宙人、E. T. とうまく遭遇できたら、聞いてみたいですね。"あなたたちは、どうして、戦争を回避して、生き延びることができたのですか？"と。　それでは、みなさん、ごきげんよう…。

【註】

註1. 愛は寛容であり、愛は慈しみ深い。また、ねたむことをしない。愛は傲慢にならず、誇ることもしない。不作法をしない。自分だけの利益を求めない。苛立たない。恨みをいだかない。間違いを喜ばないで真理を喜ぶ。そして、すべてを忍び、すべてを信じ、すべてを望み、すべてを耐える。愛はいつまでも終ることがない。
「新約聖書：コリント人への第一の手紙。13章、4－8節」

註2. 朝やけ小やけだ
大漁だ
大ばいわしの
大漁だ。

はまは祭りの
ようだけど
海のなかでは
何万の
いわしのとむらい
するだろう
「金子みすゞ：大漁」

註3. こどもが
こすずめ
つかまえた。

その子の
かあさん
わらってた。

すずめの
かあさん
それみてた。

お屋根で
鳴かずに
それ見てた。
「金子みすゞ：すずめのかあさん」

註4. はまべの石は玉のよう、
　　みんなまるくてすべっこい。

　　はまべの石はとび魚か、
　　投げればさっと波を切る。

　　はまべの石はうたうたい、
　　波といちにちうたってる。

　　ひとつぽとつの浜の石、
　　みんなかわいい石だけど、

　　はまべの石はえらい石、
　　みんなして海をかかえてる。
　　　　「金子みすゞ：はまの石」

註5. 青いお空のそこふかく、
　　海の小石のそのように
　　夜がくるまでしずんでる
　　昼のお星はめにみえぬ。
　　見えぬけれどもあるんだよ、
　　見えぬものでもあるんだよ。

　　ちってすがれたたんぽぽの、
　　かわらのすきに、だァまって、
　　春のくるまでかくれてる、
　　つよいその根はめにみえぬ。
　　見えぬけれどもあるんだよ、
　　見えぬものでもあるんだよ。
　　　　「金子みすゞ：星とたんぽぽ」

［註2〜註5は金子みすゞ童謡集、JULA出版］

註6.　リンゴを　ひとつ
　　　ここに　おくと

　　　リンゴの
　　　この　大きさは
　　　この　リンゴだけで
　　　いっぱいだ。

　　　リンゴが　ひとつ
　　　ここに　ある
　　　ほかには
　　　なんにも　ない。

　　　ああ　ここで
　　　あることと
　　　ないことが
　　　まぶしいように
　　　ぴったりだ。

　　　　「まど・みちお：リンゴ」
　　　［まど・みちお全詩集、理論社］

「知・徳・体」　　　　　　　　　　　　　副学長　堀　敬紀

　日本の学校教育において「知・徳・体」は古来必須のものとされてきました。しかし短期大学を含めた高等教育機関においては「徳・体」は主要な領域ではありませんでした。それが大きな問題には無らなかったのです。しかし、「躾」が半ば死語化した家庭や授業崩壊が日常化した小・中・高等学校から輩出された学生に嘗ての流儀で接する訳にはいきません。家庭・地域・学校教育力低下が指摘されて久しいことにこそご留意下さい。

　懸かる状況に本学は実に対応しやすい基盤を持っております。児童・生徒の生活に最も近しい養護教諭を養成するという観点もあってか、つい最近まで学舎の清掃は学生がしておりました。前近代的な慣習と侮蔑なさらないで下さい。欧米の伝統的な家庭の多くがその子弟に清掃を含めた家事を強い、その上で学校でのそれを免除している事情をご推察下さい。掃除さえ上手にできない日本人に何が求められましょうか。20年程前に商経学科E君なる学生と毎早朝落ち葉集めから教室・廊下・便所・ガラス掃除まで二年間黙々とやり続けたことが脳裡に鮮やかに残っております。彼は世間で間に合っているでしょう、確信しております。

啐啄同時（そったく）　　　　　　　　　　　横井　一之

　啐は雛がかえろうとするときに殻を内からつつくことで、啄は雌鶏が外から殻をつつくことです。その機を外さず親子の呼吸が合って生命の誕生が可能となるといいます。教育はこのように子どもと教師・保育者の呼吸がピタリと一致したときに最大の効果があがるといわれております。この故事を耳にしたのは大学時代クラブの合宿で利用させていただいた青年の家での朝礼だったと記憶しております。ところで、小生は烏骨鶏をここ3年間飼育しています。知り合った専門家の方に伺うと、啐すなわち雛が殻を内からつつくことはないそうです。また、雌鶏は外から殻をつつくことをほとんどしません。この話の生物学的な是非はともかく、若いときにこの言葉に出会い、教育の適時性を常に視点にもちつつ30年余り教育に携わって来られたことは幸いでした。

教務担当者として　　　　　　　　　　　　　　　　　出口　橋

　教務関係の仕事は多岐にわたり、内容上、すべてにおいて正確さが要求されますが、その中でも特に気を使うのが、「履修登録」、「成績処理」です。本学では、取得できる免許・資格の種類が多く、近年は、「保育士」、「幼稚園教諭」など、ますます科目数も多く、カリキュラムも複雑になってきました。当然、1単位、1科目でも不足すれば、卒業、免許に関わりますから、間違いは許されません。

　「履修登録」については、新学期のオリエンテーションで、新入生に対し、高校とはまったく異なる履修登録や卒業要件などについて説明をしますが、それも、短時間の中で行わなければならず、いかにポイントを絞って理解させるかが毎年悩むところです。

　2年生に対しては、いつも「卒業要件は必ず自身で把握しておくこと」を強調しています。本人の履修登録票では卒業要件を満たしていても、登録だけして、実際には出席していないということがあるからです。

　「成績処理」についても、年2回、先生方から提出された結果を正確に処理し、学生へ発表し、再試を経て、最終的に卒業・免許判定という重要な資料へ結びつけなければなりません。毎回この時期は「強迫神経症」になりながら格闘しています。

　しかし、今年度からは、「短大改革」の一環として、教務関係も最新のコンピュータシステムが導入され、すでに在学生の学籍、履修データ移行も完了し、この8月から運用を開始したところです。このシステムの導入により、一連の作業が大幅に効率化されると予想され、期待しているところです。

第2章　　　鈴鹿短大の改革

十津　守宏

1. 専門職業教育機関としての本学

本学は、1966（昭和41）年に鈴鹿短期大学として、その開設を認可された。以来、その開学以来の教育目的に従い中学校教諭（家庭・保健）、養護教諭及び栄養士等を養成することにより、高等教育機関としての本学に対して課せられているところの社会的役割を果たしてきたものである。

また、1984（昭和59）年4月には、女性の高等教育志向と社会的進出に対応するべく企画した商経学科の開設を認可されたことにより、高等教育機関としての本学に課せられた役割をよりよく果たさんと努力してきた。その結果、1993（平成5）年には入学定員350名に対して2,027名の志願者を得るに至ったのである。

一方で、全国的な高等教育・高学歴・四年制大学志向及び国際化時代の到来等に対応する形で企画した鈴鹿国際大学（国際学部国際関係学科）の開設認可に際しては、その入学定員確保の一環として、グローバル化ならびに情報社会化の中で再編をせまられた本学の商経学科を廃止し、入学定員150名を前述の鈴鹿国際大学へと移行することとなった。また、鈴鹿国際大学の高等教育機関としての更なる充実を期するために企画された国際文化学科の開設に際しては、当時の法規準に即して同学科開設に伴う定員確保のために、いまだ社会的需要でみられた本学生活学専攻の入学定員150名を60名に、食物栄養専攻50

名を40名に減ずることとなった。大学全体の学問的統一の姿勢も評価されて、同時に本学の校名の「鈴鹿短期大学」から「鈴鹿国際大学短期大学部」への名称変更も認可されたのである。

　しかし、前述した全国的な高等教育・高学歴・四年制大学志向という流れの中にあっても、長年にわたって養護教諭・栄養士等の養成を通して、専門職業教育機関としての役割を果たしてきた本学に対する地域社会からの要望は根強いものがあった。このことは、全国的な高学歴志向の一方で急激に進行する少子化の流れの中にあっても、本学への入学希望者の数がここ数年、復調の兆しを示していることからも明らかである。実際にここ数年、入学希望者は増加の傾向にあり、この傾向と先に触れた本学に対する地域的要請のもとで、一昨年には30名の定員増を認可され、更には短期大学としての専門職業教育機関としての本学の位置付けを地域社会に対してより明確にアピールすべく申請した「鈴鹿国際大学短期大学部」から「鈴鹿短期大学」への再度の名称変更申請も認可の運びとなったのである。また、先述した校名変更、定員増の申請とともに既存の生活学専攻内に設置されていた保育士養成課程を専攻分離という改組転換の形式のもとで「こども学専攻」（入学定員50名）として幼稚園教諭2種免許状の取得を可能とした上で、新規に設置することとなった。本年度においては、この「こども学専攻」の入学定員の更なる増員（20名）を申請中である。これらの一連の改革は、この地域における高等教育機関としての役割をよりよく果たさんとして企画したものである。なぜなら、資格取得者養成を主眼とした専門職業教育機関・二年制短期大学としての本学に対する社会的要求・地域的要求というものは、高学歴・四年制大学志向というものが顕著な現在においても根強いものであり、このことは、先にも述べたようにここ数年の本学に対する志願者数の増加等の傾向からも明らかである。特にこの傾向はこの間に新規設置の運びとなった保育士・幼稚園教諭2種免許状等の資格を取得可能となっている「こども学専攻」において顕著である。同専攻は、核家族化の進行、本格的な男女共同参画社会の到来・実現などに伴う我が国の社会構造の転換により、子育て支援機関として保育所の果たす役割が年々大きくなっており、それに伴い保育士の需要は少子化の進行する今日においても減少するどこ

ろかむしろ増大する傾向が認められることを考慮した結果として、この地域における高等教育機関としての本学に課せられた役割をよりよく果たし、時代のニーズに適応した人材養成を行うべく企画・立案されたものである。加えて、以前より同資格を取得可能となっていたこの地域における他の学校法人の経営による高等教育機関が改組転換に伴い廃学となったことは、今日において同資格の付与することが出来る唯一つの高等教育機関としての本学に課せられているところの役割の重大さを再認識させるものでもある。

　一方で国の文部行政の中枢においては、短期大学を卒業した者に対して従来付与されていた準学士の号を廃し、新たに短期大学士の号を授与すべく法的整備がなされた。このことも、二年制短期大学の役割を再認識させるものとして注目に値することであり、この法的整備と意図するところが、かつての教養教育としての短期大学の在り方ではなく、本学が目指す改革の方向性が示していることと同じく専門職業教育としてのそれを意識していることは明らかであろう。なぜなら、少子化の影響により大学全入時代を迎えた今日において学生募集を継続しつつ持続的に入学定員の確保を実現している短期大学の殆どがかつての教養教育ではなく、資格取得を主眼とした専門職業教育を主眼として存立しているものであるからである。そして、これらの社会的・地域的ニーズに応じた資格取得・専門職業教育の重点化・充実という方向性を短期大学という高等教育機関が志向するということは同時に、わが国における高等教育のあり方というものが、「中世の大学のようにすでに定まった真理について『知識を与える』のではなく、自分で価値を選択し、世界の潮流の中で自分の行方を決めることのできる『情報の選択と創造的な決断』のための教育」[1]へと変化しつつあることを意味しているのである。

　この一連の教学改革により、鈴鹿国際大学への定員移行以降、一学科二専攻となっていた本学の学部・学科組織は一学科三専攻へと様変わりすることとなった。また、外見上での変化に止まらず、拡散していた教養科目をそれぞれの資格取得の目的に応じて整理した結果、より専攻毎の専門職業教育機関としての位置付けが明確化されることとなった。ただ本学におけるこの一連の教学改革の方向性が、専門職業教育を重視した結果、教養教育を軽視した結果でな

いことは、ここに強く付言しておくこととしたい。本学は確かに大学運営の効率化のためにカリキュラムの整理（特に教養科目）を実施した訳であるが、この要因というものは、新たに一専攻を設置し保育士養成課程、幼稚園教諭2種養成課程を設置したことによるカリキュラムの煩雑化の解消、教室のより効率的な運用というハード的要請に求められるものであり、教養教育の軽視によるものではないからである。一方で本学は、教養科目に関しては科目の整理を行いつつも「宇宙と人間」「科学と芸術」等の従来からの科目の枠を超えた「思考のあり方」「人間学・宇宙学としての観察を統合する方法」を教育するリベラル・アーツ教育[2]としての教養科目を新設することによって、逆にその密度を高める試みを実施しており、従来からの学問の枠にとらわれないより横断的かつ総合的な教養教育の確立を意図している。なぜなら、単なる専門職業教育としての教育を展開するのであれば、わが国において以前より多数存在する専門学校との差が曖昧にならざるを得ないからである。高等教育機関に課せられた役割とは、学生をして、彼自身が人間という社会的動物から構成されている共同体の一員となり、その共同体の中で然るべく各々が割り当てられた役割を果たすに値する然るべき能力と資質の涵養をなさしめることである。従ってそこには、単なる技能・技術の習得だけでなく、人間という社会的動物としての行動規範や倫理をも身に付けるという視座が包含されることになるのである。そして、この行動規範や倫理——すなわち「モラル」——を身に付けることこそが、教養教育の本質的意義であるとの認識に本学は立脚しているのである。この意味における「モラル」の涵養は単なる哲学や倫理学或いは道徳の教育のみによって可能になるものではなく、あらゆる学問の垣根を超えた調和のとれた「教養」を身に付けることにより可能となるものであるからである。人間が円満かつ円滑な関係のもとで他者との関係を構築共存していくためには、他者をよりよく理解する必要があることは言うまでもない。この世界には、数多くの国家や民族が存在しているが、それぞれが異なった価値観・倫理観のもとで生活しているのであり、このことは個々人についても同様である。個々の人間それぞれが、自らが育った文化的風土・環境のもとで自らの価値観・倫理観を形成していくのであるから、我々が真に共存しよりよき社会や共同体の構成員た

りうるためには、自らが構築した価値観・倫理観とは異なった他者のそれを理解し受け入れることが肝要である。そしてそのためには、他者の文化や価値観について学ぶだけでなく、自らが育ってきた文化的風土や伝統に対して深い理解と知識を身につけることもまた肝要であろう。自己の文化の有り様についてしっかりとした認識を形成していない者が、他者の文化を理解し、またそれが他者の内面においていかなる位置づけを形成しているかについて、理解し受容することなどはできないからである。そして、本学としてはこの認識に立つからこそ、短期大学の多くが専門職業教育への一方的傾斜を示す今日においても、より一層の教養教育の充実を目指しているのである。

2. 生涯教育機関としての本学

　生涯学習とは、簡潔に述べるのであれば学校教育、家庭教育というカテゴリーに分類されない学習活動を指す総称である。今日においては、社会構造の急激な変化や技術革新、余暇時間の増大等、高齢化社会の到来などの様々な要因の発生に伴い生涯学習社会の到来が叫ばれているが、この生涯学習社会に対して、この地域の高等教育機関として期待されている役割を果たすことは極めて重大な本学の責務である。本学では、2000（平成12）年前後より地域に開かれた生涯学習教育機関としての役割をよりよく果たすべく、特に公開講座を通して様々な施策を行ってきた。公開講座の実施そのものが、本学をして生涯学習機関たる役割を果すにあたって最も有効な施策であるからである。

　さて、その本学の公開講座であるが2000（平成12）年以前におけるそれは、本学の教育内容を反映・延長するという観点から「パン講座」、ワードやエクセルの初級講座に代表される情報教育などを中心に展開してきたものであった。しかしながら、2000（平成12）年以降は、社会教養を涵養する場としての公開講座である「ライフセミナー」の更なる充実を期すこととなった。ここに、2000（平成12）年度以降における本学公開講座の特徴、改革の理念が示されることになるのである。

2000（平成12）年以前の本学公開講座「ライフセミナー」のあり方は、本学が行ってきたところの教育の単なる延長として認識されるものであり、また本学としても地域社会への教育内容の紹介とその一般化・普遍化された内容を地域社会に対して公開・提供するものとして企画・立案されてきたものであった。ここには当然のことながら、本学の教育内容を地域社会に対してアピールするという意図が存在していたことは言うまでもない。しかし、本格的な生涯学習社会の到来を迎えた今日において、先述したような公開講座のあり方のみでは、本学に期待されているところの生涯学習教育機関としての地域的ニーズに対応できないことは明らかである。なぜなら、先にも触れたように本学は開学以来、養護教諭2種免許状や栄養士といった資格を付与することを主眼とする専門職業教育にその教育の重点を置いてきたからであり、その意味において専門職業教育に収斂された教育内容の「公開」といった意味合いにおいての公開講座では、今日における多様に分岐した生涯教育のニーズ——今日において多様化した価値観と高度情報化社会の到来に伴い多くの情報が身近に入手可能となったという現状に即した形での——を十全に満たすことができないことは明らかであるからである。このような現状を鑑みて、本学としては本学の教育内容とは一線を画した独立した存在としての社会教養の涵養を図る場としての公開講座「ライフセミナー」のあり方を模索することとなったのである。一方で、公開講座「ライフセミナー」が担っていた本学の教育内容の地域社会に対するアピールという使命は、「パン講座」や「ワード・エクセル入門講座」等に引き継がれることとなったのである。

　この方針転換に伴い、それまで本学の教員中心であった公開講座ライフセミナーの講師陣は外部招聘講師が中心となり、演題も本学の教育内容とは一線を画する形で、人文科学・社会科学・自然科学の幅広い分野から様々なテーマにおいて選択されることとなった。ここに本学公開講座『ライフセミナー』のあり方というものは従来の本学の教学内容に従属するものから、別個の教育理念——この地域における生涯学習機関としての本学に課せられた社会的役割を十全に果たすという——により導かれることとなったのである。そして、先にも述べたように生涯学習というものが今日においては看過し得ない社会的な潮流

を形成している以上、本学がこの方向性のもとに社会教養の涵養の場としての公開講座『ライフセミナー』の更なる充実を期することは時代のニーズに対応するための必然の帰結であるとともに喫緊の課題なのである。

3. 今後の方向性
　　―より社会的ニーズに適応した教育の提供のために―

　本学を取り巻く社会情勢の変化を鑑みると、最も優先すべき喫緊の課題は養護教諭養成課程の四年制移行であるといえよう。本学は長年にわたり、養護教諭2種免許状を付与する教職課程を有し、多大なる社会的貢献を果たしてきたものである。現在、三重県の教育委員会により正規採用されている養護教諭のおよそ半数が本学の出身者であることを鑑みても、本学のこれまでの社会的貢献について窺い知ることが出来よう。このようにこれまで多大なる社会的貢献を果してきた本学の養護教諭養成課程ではあるが、現在における諸情勢の変化を鑑みると重大な転換の局面を迎えつつあることは明らかである。学校教育現場における養護教諭を取り巻く現実は今や激変していると表現しても差し支えない状況にある。その学校教育現場では、児童生徒は以前にも増して多くの問題――不登校、いじめ、特別支援教育の実施、基礎学力の低下、社会構造の変化に伴うマターナルデプリベーションの増加など――に囲まれており、より多様な視点から前述した諸問題に対して対応することが求められているからである。周知のごとく近年においては、単なる身体的不調だけではなく心因的要因により身体面での不調を訴えて保健室に来室する児童生徒の増加傾向が認められており、この傾向に対処するためにも臨床心理的知識や心理カウンセラーとしての基礎教養を身に付けた養護教諭の養成が喫緊の課題となっている。加えて、国の文部行政の中枢においては、養護教諭にはこれまで求められていた児童生徒の健康管理だけではなく、学校・地域社会・家庭を繋ぎ児童生徒の教育的ケアについての諸調整を行うスクールカウンセラーとしての役割をも求める方向性が示され、養護教諭の職責というものは以前にも増してより重大なもの

となっている。これらの諸情勢を鑑みるのであれば、もはや養護教諭の養成が2年間の就学期間を前提とする短期大学における2種免許養成課程では不十分となりつつあることは明らかであろう。

　さて、このような現状を鑑み、本学が現行の養成課程の四年制への移行を企画・立案することは自然な推移であるが、新規設置されることとなる四年制大学における養成課程においては、具体的にいかなる方向性に基く教育課程の編成が考えられるのであろうか。今日において、大学のカリキュラム編成においては、社会と学生のニーズに即応した動的な視点が必要不可欠であることは先にも述べた通りである。従って、本学の新たな改革の方向性を模索するにあたっても学校教育現場において必要とされている養護教諭像というものは如何なるものであるかについて、先ずは確認しておく必要があろう。現在において、養護教諭に強く求められている付加価値とは、看護士の資格を有すること、或いは臨床心理的教養を持ち心理カウンセラーとしての役割を果たすことが出来るという資質・能力を有することである。従って、今後養護教諭の養成課程の設置を企画するにあたっては、先述したいずれかの付加価値を学生をして身につけさせることが可能な教育課程の設置を目指さなければならない。時代の流れに即応した人材養成を行うことこそが高等教育機関に課せられた社会的責務である以上、上記の人材養成の視点は養成課程の四大移行に際しては教育課程に組み込まなければ必須の視点であるといえよう。そこで、本学が採りうる方向性を検討した場合、前者の資格を付与することが出来る教育課程の設置を企画することは、このことが看護学部の設置を意味する以上、養成課程設置の受け皿となる現行の同一法人に属する大学の学部・学科等の構成を鑑みると、甚だ困難と言わざるを得ない。従って、本学が採り得る選択肢の中では養成課程の四大移行に伴う新たなる教育課程編成の方向性として、心理学を中核に据えた教育課程に養護教諭1種免許状を付与するための指定科目を組み合わせるそれが、最も時代や社会のニーズに適応した人材養成に貢献できる望ましい方向性であると結論付けることができよう。本学としては、この方向で現行の養成課程の四年制のそれへの移行を企画検討していく所存である。

　今後の教育現場において、養護教諭は、更なる重大な使命を担うことになる

であろう。一方で、児童・生徒を取り巻く社会的背景も現代の社会の歪みを反映する形でますます多様化していく傾向が認められている。それゆえに、養護教諭養成課程の四年制移行は、本学教育の弾力化を図り、よりよく社会のニーズに対応するという柔軟性・動的側面を本学の教育が併せ持っているということを社会に対して強調するという意味においても喫緊に取り組み、実現を図らなければならない課題なのである。

まとめ

　高等教育機関が、学校教育というシステムの内部において、学生当人の知識と技能の習得と人間形成を通して実現される社会化の最終的仕上げを担わされていることは言うまでもない。高等教育機関におけるカリキュラムは文字通り、学生当人に社会化を順調に行わせるための知識の学習と技術習得を可能とさせる教育・研究上の計画構成なのである[3]。現代という時代は急激な技術革新と社会構造の変化によって、従来通用していた知識・技術がすぐに過去のものとなり、常に新しい時代に適応したそれが要求される時代である。このような時代のもとで、学生当人の社会化の最終段階を担っている高等教育機関の本学としては、通時的に不変でありかつ普遍のものとしての「思考のあり方」「人間学・宇宙学としての観察を統合する方法」を教育するリベラル・アーツ教育の基盤の上に、新しい時代に即応しつつ学生当人が「自分で価値を選択し、世界の潮流の中で国家と自分の行方を決めることのできる情報の選択と創造的な決断」に基づく専門職業教育を組み合わせることを、その教育課程が時代のニーズに即応した最も適切なものとするための教学改革の基本的な視点であるとの認識を形成するに至ったのである。そして、ここ数年の一連の改革においては、専門職業教育への特化を推進する一方で、教養教育そのものもまた既成の固定化された知識を伝達するというよりは、学生当人が自らを取り巻く周囲の世界の中から主体的に自分の生き方と社会における役割を確立していくために必要な思考と観察そのもののあり方を教授するリベラル・アーツ教育と

しての再編成の道を模索してきたのである。また、その一方で地域における生涯教育機関として公開講座のより一層の充実に邁進してきたこともまた、あわただしく変動して行く社会へ適応することを意図したものである。教育というものは、「不易」と「流行」という本来は相反する性質のものに対して、両者を等価値を有するものと見做し、その両者への学びを調和させながら機動的に展開するものでなければならない。常に社会の変動に留意しながら時代のニーズに対応するため「流行」に敏感であるだけでなく、普遍的に価値を有する「不易」たりうるもの——これが先に述べた本学が教養教育の枠でリベラル・アーツ教育の理念のもとで提供している「思考のあり方」などである——をも十全に提供して然るべきものなのである。地方における短期大学が専門学校化の傾向を示していることは指摘されて久しい。この傾向には、わが国におけるバブル経済崩壊以降の長引いた経済的不況や先述したような大学教育そのものの変質が深く関わっていることは言うまでもない。本学のここ数年における教学改革はこの時代のニーズに十全として対応せんとしたものであった。しかし一方で、学生当人の社会化のためには単なる専門職業教育だけではなく教養教育も同様の重要性を要するものであるとの立場に本学は立脚するものであることを強調しておきたい。学生当人の真なる社会化を完成させるためには知識と技能の構造化と他者・異文化理解に必要とされる教養教育は欠くべからざるものであるからである。

　今日という時代が人類史上かつてない程に激変という性質を内包している以上、そのニーズに対応するためにも教育というものは機動的にあらねばならない。したがって、改革の停滞は大学教育そのものの停滞と同義なのである。それゆえに、本学としては今後も専門職業教育だけではなく、リベラル・アーツ教育の更なる充実を教学改革の両輪として捉え、より時代のニーズに対応した高等教育機関としての改革を続けていく所存である。

注
1)　井門富二夫、『大学のカリキュラム』、玉川大学出版部、1985、p.179
2)　リベラル・アーツ教育の定義に関しては、前掲書pp.18-19を参照した。
3)　前掲書、p.18

ワープロ検定の取得　　　　　　　　　　　　田中　雅章

　学生には卒業するまでにワープロ検定2級を取得することを勧めています。単にWordの使い方を知っているだけではなく、頭の中で思い描くイメージを短時間で効率よくキチンとした文章として作成する技術が習得できるからです。しかし、ワープロ検定に合格するためにはそれなりのトレーニングが必要となります。基本としてはタッチタイピングを身につけ、自分の指をフルに使うことにあります。入力速度が充分に速ければ、手で書くよりも文章作成の能率が上がるのは周知のとおりです。次によく使う編集機能を覚えることにあります。よく使う編集機能はWordが持っている機能の一部です。レポートや卒論あるいは普通の事務処理で使用するにはそれだけ知っていれば充分です。

　ワープロ検定に合格するという学習目標を達成した学生には合格証書の交付とそれに相当するWord技術が身に付くことになります。多くの学生に合格してもらいたいと思っていますが、まだ累計合格者は800名に達していません。

テニスから学ぶこと　　　　　　　　　　　　梅原　頼子

　テニス部に関って20年ほど経ちます。テニスの試合はコーチなどが選手にアドバイスをしてはいけないことになっていますので、以前は学生の試合をいつもイライラしながらじっと見ていたのを憶えています。試合の勝敗を分けるものには技術、戦術、戦略、精神、肉体などたくさんのものがあって、またそれが絡み合って複雑にしています。常に自分のことや相手のことを客観視しながら、ボールを自分が打ってから返ってくる間に、最良の方法を選択して次のボールに対応する必要があります。これを一人で何回も何十回も行っているうちに学生は非常に上達します。試合では自分で考えて実行することがポイントにつながります。基礎練習はもちろん大切ですが、試合で上達していく学生の姿を見ると、自分で考えてそこから得るものはとても大きいと感じます。試合は自分で考えるチャンス、ゆったりした気持ちで見守りたいです。

教養教育の意義　　　　　　　　　　　　　　　　　十津　守宏

　「学び」とは、共生的存在である人間という社会的動物から構成されている共同体の一員となりその共同体の中で各々が割り当てられた役割を果たすための然るべき能力と資質を身に付けることであり、単なる技能・技術の習得に止まらず、人間という社会的動物としての行動規範や倫理をも身に付けることです。そして、この行動規範や倫理——「モラル」——を身に付けることこそが、教養教育における「学び」の本質的な意義であります。なぜなら、単なる知識の蓄積が「教養」を身に付けたことを意味する訳ではなく、自らが「学び」を通して身につけた知識を構造化し、それらを他者や異文化との円滑なコミュニケーション体系確立のために他者や異文化をよりよく理解する媒体とすることこそが、真に「教養」を身に付けたことを意味していると考えられるからです。この視点を通して、教養教育は生きたものとなり、人は「学び」を通して「教養」であるとともに「モラル」を身に付けたことになるのです。

子どもたちに食育を　　　　　　　　　　　　　　　乾　陽子

　最近、食育という言葉をよく耳にしませんか。改めて食育の重要性が見直されるようになった背景は様々ですが、家庭での食事の様子が大きく変化したことにカギがありそうです。家族でちゃぶ台を囲み、同じものを食べていた頃と比べてどうでしょうか。

　本来家庭でなされていた食育がうまくできなくなった今日では、学校、地域の食育活動が大きな役割を担っています。また学校現場では食の面から子どもたちをサポートできるようにと栄養教諭の制度が始まりました。本学は栄養教諭の養成も行っていますが、栄養教諭に与えられた使命の重さを受け止め、しかも明るく前向きに、子どもたちと目線を合わせ指導ができる教員の育成を目指しています。

　私の家庭での食育が十分にできていないのを反省しつつ、広く子どもたちに食育ができる学生の教育に力を注いでいます。

第3章　　　各専攻の実習

1. 学び多い養護実習

生活学専攻　　大野　泰子

はじめに

本学の養護教諭養成課程は1969年に設立され、本年で37年を迎える。

1971年3月に第1期生が卒業し、これまでに約2,000人の養護教諭2種免許を取得した卒業生を社会に送り出しており、地元鈴鹿市においては現在幼稚園・小中学校の50%の養護教諭が本学出身者であり、三重県の健康教育に養護教諭養成機関として貢献している。

養護教諭養成教育の目標は「望ましい養護教諭像」をめざしており、養護教諭として活動できる基本的能力と、専門職として自己教育を行える能力、態度を形成することである。

また養護教諭になるためには、理論と実地の体験「養護実習」は欠かせない。

実際の学校という場で子どもと直接的に関わることができる養護実習は、大学で学んだ事柄を、具体的な教育の実践の場面において検証していくことである。授業の成果が養護実習という機会・場面で活かされ、同時にその先の課題を大学内で学びとして構築していくことが、「望ましい養護教諭像」に近づくことになろう。本年度の養護実習について紹介する。

（1） 趣旨・目標・実施期間

1） 趣旨

学内で学習した知識、技術を実際の教育活動のなかで経験し、学校教育全般についての理解を深め、学校保健活動の実際を認識すると共に養護教諭としての必要な執務内容を遂行する能力、態度を養う。

2） 目標

① 学校教育の全般および児童生徒の生活状態を理解し、教育職員としての態度を学習する。
② 学校保健計画の立案および運営の実際を理解し、学校保健活動における養護教諭の職務分担内容を学習する。
③ 養護教諭の執務計画および執務の実際を経験し、養護に関する知識技術を習得する。
④ 学校と地域の保健活動の連携について学習する。

3） 実習期間

3週間（3単位）

（2） 平成18年度養護実習の状況

本年度5月～6月の期間に3週間の養護実習が行われた。

生活学専攻の学生28名が実習を希望し、名古屋市1名、滋賀県2名、岐阜県1名、三重県24名（四日市市3名、鈴鹿市3名、津市6名、松阪市4名、伊勢市3名、その他5名）がほとんど出身校の小学校の承諾をいただき実習を行うことができた。また実習期間中の欠席者遅刻者はいなかった。

本学は2年制であるため、養護実習は1年生の夏季休暇を利用して実習の依頼に学校訪問を行うことから始まる。入学1年生は1年間に基礎教科や教職教養一般の講義や専門科目の講義・実習を積み、蓄えた力で2年生の春に1年余りで教育実習に臨むこととなり、学生は短期間に学ぶことが多い。

1） 養護実習記録簿記録から

提出された養護実習記録簿から実施した実習内容を順にまとめると、図3-1のようであった。

実習生28名中1名は学校の教育実習方針により養護実習ではあるが、大半を学校教育の理解を基本に、一部保健室実習を行ったが、他の27名は保健室を拠点とした実習を行った。

実習時期により健康診断が行われる5月時期に実習に参加した学生は複数の健康診断を実習しているが、6月時期の学生は健康診断後の事後指導の時期であり、健康診断は経験できない実習内容となっている。

また、実習内容は救急看護・処置をすべての学生が実施しており、保健指導・保健学習・ほけんだより作成はほとんどの学生が実施させていただいた。

保健指導保健学習の内容については、6月初旬のむし歯予防週間に関係して歯の保健指導が多かった。実習前に予め指導者と打合せをして準備をしていた学生もいたが、具体的な保健指導は各学校で実施前に指導案を作成検討・教材の選定・板書・座席表・アンケートなど指導を受けた学生が多かった。

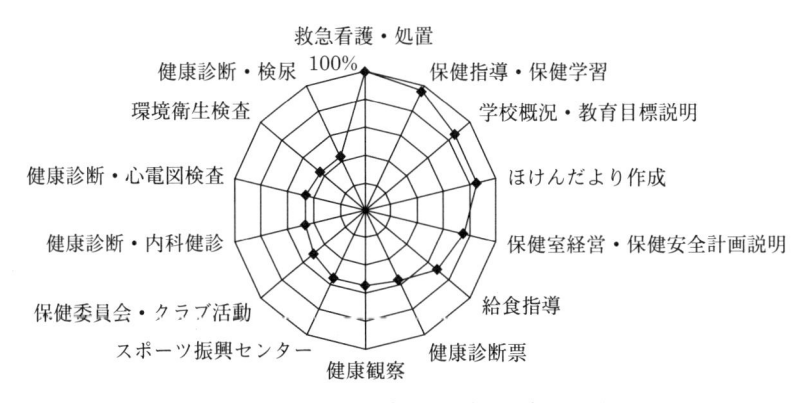

図3-1 項目別学生の実施した実習内容（一部）

表3-1 養護実習保健指導内容

保健指導の内容	実施学校数
歯磨き・6歳臼歯・虫歯とおやつ	16校 （59.3%）
健康な生活	2校 （7.4%）
大きくなった私の体、手の正しい洗い方、体温、睡眠、ニキビ、アルコール、熱中症、タバコ、うんこ	各1校（各3.7%）

2) 総合実習（1日養護教諭実習）記録から

1日保健室を実習生に任せる総合実習は、趣旨を理解していただき80%の実習生が3週目を実施日として1日程度実習できた。しかし、任せる実習とはいえ指導養護教諭が半日〜終日関わっていただいた実習生は64%に及んでいる。また許可いただけなかった学校の指導養護教諭の意見は、来室者が多く実習生に任せられない、判断の必要なケースが多いので実習生に荷が重い、実習生自身が総合演習の意義がわからないなどの理由であった。

なお総合実習をさせるに当たり、指導者が不安に思う学生は39%みられた。

3) 実習校の総合評価から

総合評価を実習校から提出いただいた結果から以下の傾向が伺われた。

主に学習指導・生徒指導・実習態度について評価項目があり、ABCD4段階の評価判定を頂くことになっている。

A評価（優）は学生の教材研究、児童理解、勤務態度、提出物で高く、基礎学力、指導技術、個別集団指導の評価が良の結果となった。（図3-2）

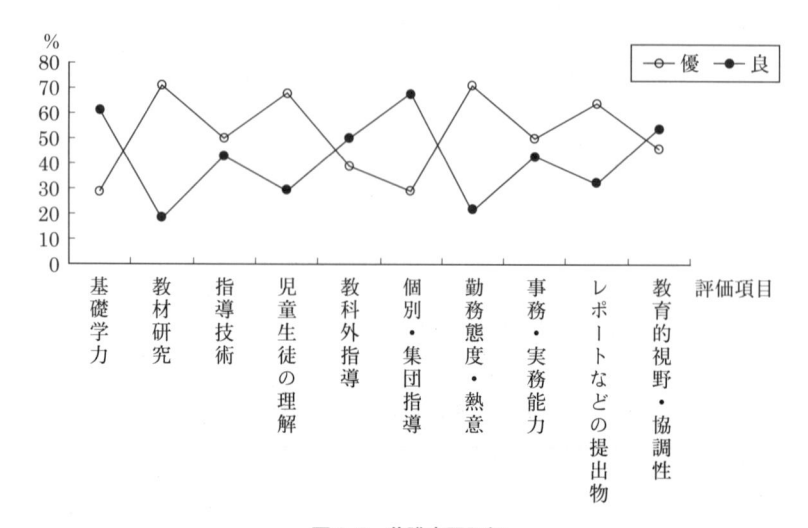

図3-2 養護実習評価

4） 実習中の研究課題

意欲的な実習を行わせるため、それぞれの研究課題を持たせ、実習後研究レポートを提出させた。保健室の環境整備の関心が高かった。(図3-3)

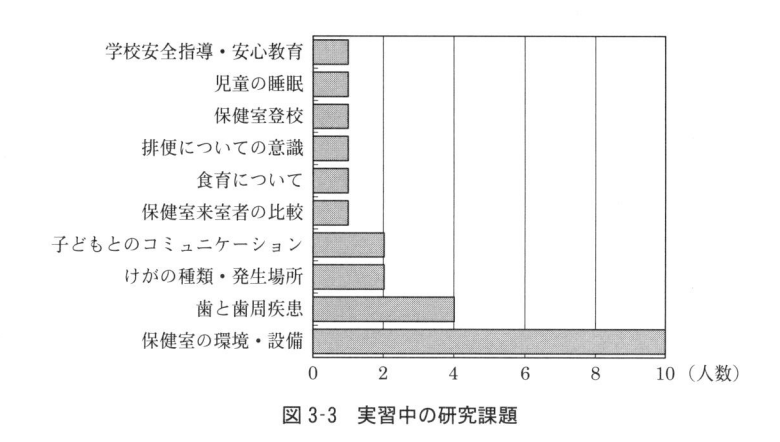

図 3-3　実習中の研究課題

研究課題	人数
学校安全指導・安心教育	1
児童の睡眠	1
保健室登校	1
排便についての意識	1
食育について	1
保健室来室者の比較	1
子どもとのコミュニケーション	2
けがの種類・発生場所	2
歯と歯周疾患	4
保健室の環境・設備	10

5） 実習事後指導から（学生の反省と考察）

実習で学んだこととして、子どもたちとの関わりの中で、子どもを理解をすることができたという意見が多かった。また学校や保健室という場について、「心の居場所」として改めて理解したという意見も多かった。また養護教諭の仕事の素晴らしさを確認した。心のサインがわかる児童が話しやすい養護教諭になりたい。人との関わりの大切さ、保健室や養護教諭の役割や教え育てていく側が児童や保護者にどのように働きかけていくのか等の体験としての意見があった。

反省事項として実習前にしておきたかった学習とは何であったかの質問には、ほとんどの学生が指導計画・指導案・板書計画・話し方・模擬授業についてと答えた。またほけんだよりの作り方、健康診断関係の復習、環境衛生の基準、子どもに多い怪我や病気の学習と応急処置、トリアジー、アセスメントの仕方についての勉強不足を感じている結果であった。

(3) まとめと考察

① 実習の評価から、救急看護・処置は全員実施するが基礎学力や技術の評

価が悪い。看護学や看護学実習の充実により、今後多様で突発的な傷病にでも対応ができるように、常に基礎力を付けていく必要がある。
② 保健指導・保健学習の実施に伴う評価が教材研究は高くなっている。熱心な実習態度や教材の工夫が評価されているが、学生の今後学んでおきたい事柄に指導計画や指導案・指導技術が上げられている。実習事前事後指導の中でフォローしていくが、5月実習の開始時期が早いために準備が十分とはいえない。1年生から関係教科で工夫して準備ができるようにしていきたい。
③ 学校現場の多様な子どもへの対応は、広い知識や確かな技術を求められてきている。教職教養・専門教養とともに教育アシスタント制度を利用した学校でのボランティア活動を進め、児童や学校教育に対する理解を深め必要な教養を身につけることが一層必要である。
④ 総合実習は実習生のモチベーションを高め、計画実行評価をもって自信を持ってできるように、説明やデモ授業を取り入れる事前指導やオリエンテーションが必要である。
⑤ 養護実習は養護教諭養成教育カリキュラム全体を推し進めていく要の位置にあり、限られた教育期間の中で効果が上がるように努力しなければならない。「望ましい養護教諭像」を追求して、今後とも学生も指導者もたゆまない努力が必要と思われる。

おわりに

後期授業開始前の9月14日に2年生の実習報告会を開催した。発表者が「実習期間3週間は、一生で一度先生と呼ばれる実習かもわからない。充実した実習をすることが大切です」とエールを送った言葉が忘れられない。

参考文献
東山書房 「養護教諭実習ハンドブック」 編・大谷尚子、中桐佐智子
東山書房 「これからの養護教諭教育 養護教諭の養成教育のあり方」協同研究班 代表 堀内久美子
ぎょうせい 「三訂 養護概説」 編・三木とみ子

2. 栄養士養成課程における実験・実習の現況

食物栄養専攻　　福永　峰子

（1）食物栄養専攻で開設されている実験・実習科目

　栄養士法第2条に、「栄養士の免許は、厚生労働大臣の指定した栄養士の養成施設において2年以上栄養士として必要な知識及び技能を修得した者に対して、都道府県知事が与える」とある。栄養士免許証取得には、基礎となる栄養学や食品学をはじめ、衛生学、調理学、給食管理、栄養指導論、公衆栄養学など栄養士の専門的知識を得るための講義と共に、それぞれの学問で得た知識を現場で活かせるよう経験を積み、技能を高めるために実験・実習がある。

　栄養士養成課程の必修科目には、栄養士法施行規則に規定された専門教育科目として、①社会生活と健康、②人体の構造と機能、③食品と衛生、④栄養と健康、⑤栄養の指導、⑥給食の運営の6つの分野があり、それぞれの分野の中で、本学の食物栄養専攻で開設している科目を表3-2に示す。実験・実習の占める割合は約3割と多い。また、栄養士免許証を基礎資格にして新たに2005（平成17）年度より、栄養教諭2種免許状の取得ができるようになった。教職に関する開設科目は表3-3①②に示すとおりであり、実習科目として栄養教育実習が設けられた。また、これらの科目を担当する教員については、栄養士法施行令及び栄養士法施行規則に「栄養士養成施設の指定について」及び、さらに具体的な運用を「栄養士養成施設指導要領」に定められている。教員に関する事項の中に、前述の6つの分野を担当する教員についてはそれぞれ1人以上が専任であること、専任の助手は3人以上でありそのうち2人以上は管理栄養士であること、人体の構造と機能を担当する教員のうち1人以上は医師であること、栄養の指導及び給食の運営を担当する専任の教員のうちそれぞれ1人以上は管理栄養士又は同等の知識及び経験を有する者であること、と定めている。

表 3-2 栄養士養成課程必修科目及び単位数

	栄養士法施行規則に規定された			本学食物専攻で開設している		
	教育内容	単位数 講義又は演習	単位数 実験又は実習	授業科目	単位数 講義又は演習	単位数 実験又は実習
専門教育科目	社会生活と健康	4	4	公衆衛生学 社会福祉概論	2 2	
	人体の構造と機能	8		解剖学及び生理学 解剖生理学実験 運動生理学 生化学 生化学実験 病理学	2 2 2 2	 1 1
	食品と衛生	6		食品学総論 食品学各論 食品学実験Ⅰ 食品学実験Ⅱ 食品加工学及び実習 食品衛生学 食品衛生学実験	2 2 2 2 	 1 1 1
	栄養と健康	8	10	食生活論 栄養学総論 栄養学各論 栄養学各論実習 臨床栄養学 臨床栄養学実習	2 2 2 2 	 1 1
	栄養の指導	6		栄養指導論 栄養指導論実習Ⅰ 栄養指導論実習Ⅱ 栄養カウンセリング論 栄養情報処理 公衆栄養学	2 1 1 2	 1 1
	給食の運営	4		給食管理 給食管理実習Ⅰ 給食管理実習Ⅱ 給食計画論 調理学 調理学実習Ⅰ 調理学実習Ⅱ 調理学実習Ⅲ	2 1 2 	 2 1 1 1 1
計	最低修得単位数	36	14	本学修得単位数	39	15
		50			54	

表 3-3① 教職に関する開設科目及び単位数

教職に関する科目		免許法施行規則に規定された		本学で開設している	
		科　目　名	単位数	授　業　科　目	単位数
教職に関する科目	教職の意義等に関する科目	教職の意義及び教員の役割	2	教職概論	2
		教員の職務内容（研修、服務及び身分保障等を含む）			
		進路選択に資する各種の機会の提供等			
	教育の基礎理論に関する科目	教育の理念並びに教育に関する歴史及び思想	2	教育原理	2
		幼児、児童及び生徒の心身の発達及び学習の過程（障害のある幼児、児童及び生徒の心身の発達及び学習の過程を含む）		教育心理学（障害のある幼児、児童及び生徒の心身の発達及び学習の過程を含む。）	2
		教育に関する社会的、制度的又は経営的事項		教育と社会（教育に関する社会的、制度的又は経営的事項を含む。）	1
	教育課程及び指導法に関する科目	教育課程の意義及び編成の方法	2	教育課程論	1
		道徳及び特別活動に関する内容		道徳教育の研究	1
				特別活動の研究	1
		教育の方法及び技術（情報機器及び教材の活用を含む）		教育方法と技術（情報機器及び教材の活用を含む。）	1
	生徒指導及び教育相談に関する科目	生徒指導の理論及び方法	2	生徒指導論	2
		教育相談（カウンセリングに関する基礎的な知識を含む。）の理論及び方法		教育相談の理論と方法	2
	総合演習		2	教職演習	2
	栄養教育実習		2	栄養教育実習	1
				栄養教育実習事前事後指導	1
計	最低取得単位数		12	本学取得単位数	19

表3-3② 栄養教諭2種免許状に必要な教科に関する開設科目及び単位数

	免許法施行規則に規定された		本学で開設している	
	科 目 名	単位数	授業科目	単位数
栄養に係わる教育に関する科目	栄養教諭の役割及び職務内容に関する事項	2	学校栄養指導論	2
	幼児、児童及び生徒の栄養に係る課題に関する事項			
	食生活に関する歴史的及び文化的事項			
	食に関する指導の方法に関する事項			

(2) 実習科目の現状

次に栄養士免許証取得に必要な実験・実習の現状を一部紹介する。

1) 解剖生理学実験

糖尿病や高血圧などの生活習慣病は、日常の食生活や運動の有無など生活環境が密接に関与しており、現在では若い世代にまでみられるようになった。栄養士は栄養改善を通して、人々の健康を維持・増進・回復することを目的としていることから、基礎医学を学ぶことは重要である。解剖生理学実験では、理論で学んだ知識を踏まえ、人体の構造（筋・骨格の模写、消化器系の確認と模写）・血液（ヘモグロビンの測定）・組織標本の観察（神経細胞・胃・小腸）・循環（脈拍および血圧測定）・呼吸（肺活量の測定）・排泄（尿検査）・身体測定・栄養と免疫・アレルギーに関する実験などを行い、解剖生理学の知識を生命現象として理解する。

2) 食品学実験Ⅰ・Ⅱ

人間が生命を維持し成長していくために、エネルギーや栄養素の供給源となる食品は重要である。栄養バランスのとれた食生活を考える上で、食品の成分に対する理解を深めることは必須である。食品学実験では、食品学の講義で学んだ知識を踏まえ、実験を行う。食品学実験Ⅰでは、pHの測定、中和滴定、酸化還元滴定、キレート滴定、比色分析、灰分の定量など実験に関する基本的操作の習得を目指す。食品学実験Ⅱでは、Ⅰで習得した基礎実験技術に特殊な分析技術を組み合わせて、食品成分（水分、たんぱく質、脂質、炭水化物、ビタミン、ミネラルなど）の定量、食品成分の変化、官能検査などの実験を行い、食品成分について理解を深める。

3） 栄養学各論実習

　人間の生命の営みは受精卵が母親の胎内に着床したときから始まり、新生児期、乳児期、幼児期、学童期、思春期、成人期、老年期を送り一生を終える。人々が健康で生涯を全うするには、それぞれのライフステージにおいて適切な食生活を行うことが重要である。そのためには、各時期の生理的な特性の違いを把握した上で、栄養面においてそれぞれに対応した配慮が必要である。栄養学各論実習では、栄養学各論の講義で学んだ人の発育・発達（加齢）との関係をもとにしたライフステージごとの特性と栄養学的特徴についての知識を踏まえ、食事の計画、食品の選択、調理の技術、適切な評価のできる能力を養う。

4） 栄養指導論実習Ⅰ・Ⅱ

　食物の摂取は、人間が生命を維持していくためには必須であり、より健康的な生活を営むために、栄養バランスのとれた食事を心掛けることは大切である。しかし、実際の食生活は、個人または集団のそれぞれがおかれた環境とその時代背景のもとに展開されているのが現状である。栄養指導はそれらの中から問題を掘り起こし、行動の変容に導き、人々の健康・維持・増進・回復することを目的としている。このことから、栄養指導論実習Ⅰは、栄養指導論の講義で学んだ知識を活用し、行動の変容を導くための技法を習得するべく基礎といえる栄養アセスメントの項目（実習生自身の年齢、性別、身体活動レベルに見合った食事摂取基準の算出、栄養状態・肥満の判定に用いる身体計測、3日間の生活活動並びに食事調査（24時間）の記録からエネルギー消費量と身体活動レベルの算出、栄養バランスの判定など各種栄養調査を実施、発表、評価・反省）を中心に学ぶ。栄養指導論実習Ⅱでは、Ⅰで学んだ基礎知識をもとに、リーフレットやパネル、料理を媒体とした栄養指導案を作成し、発表、評価・反省を行う。その中で、栄養指導の効果を上げるための媒体作成方法や発表の方法を学び、学生一人ひとりが人に伝わる指導のあり方について考える。

5） 給食管理実習Ⅰ（校内実習）・Ⅱ（校外実習）

　1年で学習した給食管理や調理学の理論をはじめ、調理学実習で習得した調理技術を基盤として、集団給食の実践の場となる給食管理実習Ⅰ（校内）は、学内教員指導のもとに、給食のあり方を学ぶ基礎訓練実習である。学生は、校

内の特定給食施設において、各専門教科で得た基礎知識を応用し、学生相互が自主的にすべての作業の役割を決め、これを各自の責任において機能的に実施し、積極的な研究態度を失わず、人の和を中心とした円滑な人間関係をつくる過程として総合的な教育効果をあげるように努めるものである。また、この実習は給食管理実習Ⅱ（校外）のための基礎実習としても大切である。

　実習は、栄養計画［plan（計画）-do（実施）-see（評価）］により進めている。実習内容は、plan（計画）が、給与栄養基準量の算出、食品構成、献立計画、調理方法及び作業別工程表などの作成、試作材料発注・検収・保管、試作調理、実測による廃棄率の算出、試作検討・修正、サンプル展示、栄養指導案作成、食数確認、給食材料発注である。do（実施）が、給食材料の検収・保管、給食調理、中心温度及び塩分濃度の測定、保存食採取、栄養指導、残食率の算出、衛生管理（食器洗浄消毒、布巾洗浄消毒、床・排水溝の清掃、厨芥物の処理）である。see（評価）が、各種報告書の作成、反省・評価・発表である。

　実施にあたっては、3つの班がA・B・Cの実習内容をローテーションで行う。Aは試作実習で、1回の実習を実施するにあたっては栄養バランスや旬の食材、価格などを考慮しながら、味、食感、盛り付け量、器、色彩など納得いくまで試作を重ねる。Bは大量調理で、前日に食材料の検収や食器洗浄などの作業をする。当日は早朝より集合し、責任者を中心にミーティングを行い、作業にとりかかる。昼食後は大量の食器洗浄や厨芥物の処理、床や側溝の掃除などの作業を行う。Cはノート整理で、責任者が中心となり前回の反省を行い、次回の献立調整、試作の発注、前回のアンケートの集計、残食率の算出、1食あたりの価格の計算、実習ノートの整理を行う。すべての班が実習を終えた後、まとめとして栄養出納簿を作成し、実習ノートを仕上げる。栄養報告書、自己評価表とともに提出する。給食管理実習Ⅱ（校外実習）は、本学では栄養士免許証取得必修として、1単位（45時間）以上を課している。学生は栄養士が配置されている事業所、病院、学校、自衛隊、福祉施設（主に老人福祉施設）の中から各自が将来の進路に合わせて1施設以上を選択する（年々2施設を希望する意欲のある学生が増えてきている）。施設が決まったら、実習の心構え、研究テーマの決定、目的、研究内容など担当教員が実習日まで週に1回きめ細やかな事前指導を行っている。学生はそれぞれの施設における栄養士や

給食に携わっている方々の指導を受け、栄養士の業務を実体験することで、栄養士として具備すべき知識や技能を修得する。

6) 栄養教育実習及び栄養教育実習事前事後指導

栄養教諭2種免許状取得のためには、教職免許法第5条の規定により栄養教育実習を1週間（5日間）実施し、1単位を修得することが必要である。学校で学んだ知識と技術を実習校（学生の出身校または教育委員会からの指定校）において実践的に展開し、より多くの児童生徒と接し、児童生徒の理解と栄養教諭の役割（食に関する指導計画策定への参加、他の教職員との連携協力による食に関する領域や内容に関する指導、他の教職員や家庭・地域との連携・調整）について学習する。また、教職に関する実践能力と態度並びに栄養教諭としての指導能力を養う機会でもあり、1週間でまとめられるような「研究授業」を設定、指導案を提出し、授業を担当する。なお、本実習の受講資格として、①2年生であること②1年次開講の「教職に関する科目」および「栄養に係る教育に関する科目」の単位を修得済であること、と条件をつけている。栄養教育実習に先立ち実施する栄養教育実習事前事後指導（1単位）では、1週間の実習を円滑かつ効果的に行うために学生がこれまで学んだ知識や技術を活用し、実習が意義あるものとなるよう指導している。

（3） まとめ

2005（平成17）年6月に食育基本法が成立し、食育活動が盛んに実施されるようになり、栄養士が活躍する場が広がった。本学では、実験・実習を通して、調理技術のレベルアップを図り、特定給食施設において適正な給食が実施できる実践力を備えた栄養士の育成と、将来の健康を大きく左右し、大人の身体の基礎づくりをする大切な児童生徒が自己管理能力の習得や適正な判断力を身に付け、食生活の自立ができるよう教育できる栄養教諭の養成を目指したい。

参考文献
平成18年度栄養士必携　社団法人日本栄養士会編
平成18年度鈴鹿短期大学学生便覧、講義概要
平成13年　栄養日本　第44巻　11号

3. こども学専攻の実習

こども学専攻　堀　建治

（1）実習の概要

　生活学専攻内に厚生労働省より、指定保育士養成施設として2004（平成16）年3月に設置認可、同年4月に同専攻内に「保育士コース」が正式にスタートすることになった。「保育士コース」はこども学専攻の前身となるものであるが、翌年2005（平成17年）には文部科学省より幼稚園教員養成機関としての認可を受けた。同年4月より生活学専攻から専攻分離して、三重県下では初となる「こども学」を設置することとなった。

　保育士養成課程の設置、そして幼稚園教諭課程の設置と保育の仕事には必須の2資格の取得が可能になって現時点で2年を経過した。卒業生も保育コース時代を含めると1期のみと未知数なこども学専攻ではあるものの、本専攻では特に保育の分野で地域社会や就職先から高い評価を受ける即戦力として貢献できる卒業生を送り出すための人材育成と特色ある教育の充実に関連した教育活動に取り組んでいる。

　そのひとつとして学外実習がある。本学がめざす人材とは、建学の精神が示すところの「誠実かつ信頼される人物の育成」である。建学の精神に則り、こども学専攻では子どもの夢や希望の実現に前向きに取り組むことができる、創造性豊かな保育者の養成をめざすところに人材育成の主眼を置いている。そして限りなく子どもに愛情を注ぐことのできる保育者、発達段階に応じた子どもの姿を理解できる保育者、そして保育内容を理解し具体的な保育技術を身につけ、専門職として総合的な保育のできる保育者の養成をめざしている。

　本節ではこども学専攻で取得可能な保育士資格及び幼稚園教諭2種免許状にかかわる実習の概要を報告する。

(2) 保育士資格取得にかかわる実習状況

1) 実習の名称、時期等

保育士資格を取得するためには、保育実習（5単位：必修）に加え、保育実習Ⅱ（2単位）、もしくは保育実習Ⅲ（2単位）を履修しなければならない。保育実習5単位の内訳として、保育所における実習2単位、保育所以外の施設における実習2単位、実習に関する事前及び事後指導1単位となっている。

実習の履修時期、実習先ついては以下のとおりであるが、実習の事前事後指導については2年次に通年科目として開講されている。なお、事前事後指導の状況については後述する。

表3-4 保育士資格取得にかかわる実習の単位数、期間

本学での科目名称	単位数	実習先	期間	履修学年
保育実習	5（必修）	保育所	2週間	1年次後期
		施設（※1）	10日間	1年次後期
保育実習Ⅱ	2（選択）	保育所	2週間	1年次前期
保育実習Ⅲ	2（選択）	施設（※2）	10日間	不開講

※1：乳児院、母子生活支援施設、児童養護施設、知的障害児施設、盲ろうあ児施設、肢体不自由児施設、重症心身障害児施設、情緒障害児短期治療施設、児童自立支援施設等の児童福祉施設（入所）、知的障害者更生施設（入所）、知的障害者授産施設（入所）又は心身障害者福祉協会法第17条第1項に規定する福祉施設

※2：児童厚生施設、知的障害児通園施設等の児童福祉施設（通所）その他社会福祉関係諸法令に基づき設置されている施設であって保育実習を行う施設として適当と認められるもの（保育所は除く）

2) 実習先

実習先として、保育所及び保育所以外の児童福祉施設が挙げられる。保育所については主に三重県内保育所がほとんどである。設置別ではいわゆる私立保育所（社会福祉法人立）が最も多く、次いで公立と称される市町村立保育所となっている。児童福祉施設の実習先はすべてが三重県内で行われている。実習先としては児童養護施設、知的障害児施設、乳児院の順になっている。なお、

県下に乳児院は2006年現在、2施設であり、乳児院での実習がやや困難な状況になっている。

(3) 幼稚園教諭2種免許状取得にかかわる実習状況
1) 実習の名称、時期等
幼稚園教諭2種免許状を取得するためには、幼稚園教育実習（5単位：必修）を取得しなければならない。本学では5単位について教育効果を勘案して表3-5のとおりに配当している。

表3-5　幼稚園教諭2種免許状取得にかかわる実習の単位数、期間

本学での科目名称	単位数	期　間	時　期
幼稚園教育実習Ⅰ	2	2週間　必修	2年次前期
幼稚園教育実習Ⅱ	2	2週間　必修	2年次後期
幼稚園教育実習事前事後指導	1	1年次	1年次通年

2) 実習先
幼稚園教育実習の受け入れ先として、ほとんどが三重県内となっている。設置者別では私立園である学校法人立が大半を占めており、いわゆる公立園は少数にとどまっている。

(4) 学内における実習の事前事後指導の状況
保育者養成校において、学内での実習事前事後指導の充実が図られているところである。これはひとえに本番である実習を大過なく修めることができるかというところに端を発している。近年では特に個人情報について守秘義務を課す実習施設が増加しており、実習の時間を用いて、実習にかかわる諸ルールを伝達、徹底する場として貴重な役割を担っている。

本学では1年次前期より、2年次後期に至る2年間、事前事後指導の授業を開講している。事前指導の内容については、実習の意義と目的、実習園の理解と現状、実習記録の書き方、実習にむけてのマナー指導、保育士及び幼稚園教

論の職務内容とその役割、実習実施にむけてのオリエンテーション、教材研究とその扱い方など多岐に亘っている。事後指導としては主に実習終了後の実習園に対する事後処理に関すること、反省会と実習の自己評価、実習総まとめなどがある。

(5) 実習のねらい及び内容について

実習の実施に当たっては、ねらい及び内容が設定されている。ここでは、保育実習の中心である保育所実習、施設実習及び幼稚園教育実習におけるねらいと内容について述べる。

1) 実習のねらい

各実習の大きなねらいとして、①実習を通じてこどもの姿について理解を深める、②学内で学習した理論を保育実践に結びつける、③実習を通して自分自身を見つめる、との3つが設けられている。3つのねらいをさらに取得資格区別に設定したものが表3-6である。

表3-6 実習別のねらい

実習種別	ねらい
保育所実習	①見学・観察実習及び参加・部分実習を中心として、理論と実践のむすびつきを経験し、さらに全領域にわたる実習を行い、理論と実践のむすびつきを経験し、乳幼児を理解する。 ②実習を通じて保育所における生活全般とその概要を理解する。 ③保育士として必要な知識、技能、態度を身につけ、その任務と使命を理解する。
施設実習	①見学・観察・参加及び実習の全領域にわたる実習を行い、理論と実践のむすびつきを経験する。 ②実習を通じて施設における生活全般と施設の概要を理解する。 ③保育者として必要な知識、技能、態度を身につけ、その任務と使命を自覚する。
幼稚園教育実習	①実習はこれまで学習し習得してきた教育の理念を保育の実際に即して実践し、理論と実践のむすびつきを経験し、幼児を理解する。 ②実習を通じて幼稚園における生活全般と幼稚園教育の概要を理解する。 ③実習で幼稚園教諭として必要な知識、技能、態度を身につけ、その任務と使命を理解する。

2） 実習の内容

実習の内容について、保育実習・幼稚園教育実習ともに若干の差異はあるものの、おおむね①見学・参加実習、②参加、部分実習、③責任実習の3段階となっている。実習のステージ別の内容については表3-7～9に示すとおりである。実習の進度については、各実習先での状況、実習生の能力を考慮して実施されている。

ただし、施設実習については、施設そのものが児童、あるいは利用者の生活の場であるので、実習段階の区別にとらわれず、弾力的に実践の場に参加して実習を行っている。

表3-7　保育所実習における実習内容

実習段階	実習の内容
見学・観察実習	①実習園の・保育目標、現況を知り、人的環境、物的環境、地域環境を把握する。 ②デイリー・プログラムを知り、乳幼児の一日の生活の流れを理解する。 ③乳幼児の集団活動、個別活動を観察するなかで人とのかかわり方を知る。 ④保育士の職務内容と役割を理解する。 ⑤実習園の週案を知り、デイリー・プログラムとの関係を理解する。
参加・部分実習	①乳幼児とともに生活して、担当保育士の保育活動に補助的な立場で参加し、乳幼児の援助・指導にあたる。 ②実習園の週案に従い、学生は部分的に担当保育士の指導を受けながら実習する。 ③乳幼児の安全及び健康に対する配慮と臨機応変の措置のとり方を学ぶ。 ④保育指導に必要な教材、教具等を準備する。 ⑤保育前の準備、保育後の整理等、保育士としての仕事全般を実習する。 ⑥各自、課題を設定し問題意識をもって実習する。
責任実習	①担当保育士の指導を受けながら、実習園に即した週案、日案を作成し、実習生自ら主体的に実習する。 ②保育前の準備、保育後の整理等、保育士としての仕事全般を実習する。 ③保育実習の総仕上げとしての「一日実習（半日実習）」などを体験し、保育所における保育活動の流れを理解する。 ④各自、課題を設定し問題意識をもって実習する。

表3-8 施設における実習の内容

実習段階	実習の内容
見学・観察実習	①実習施設の人的環境、物的環境、地域環境を把握する。 ②児童の一日の生活の流れを知る。 ③一日の生活の流れと児童の活動、保育士の指導を観察する。 ④実習施設の週間予定、月間予定を知り、日課との関係を理解する。
参加・部分実習	①実習施設の養護方針にしたがい、学生が部分的に担当保育士の指導を受けながら実習する。 ②児童と活動をともにし、保育士の助手として児童の指導に当たる。
責任実習	①担当保育士の指導を受けながら、実習施設に即した養護計画に合わせて実習する。 ②保育士としての仕事全般を実習する。 ③各自、課題を設定し問題意識をもって実習する。

表3-9 幼稚園教育実習における実習内容

実習段階	実習の内容
見学・観察実習	①実習園の教育目標、現況等を理解する。 ②実習園の人的環境、物的環境、地球環境を把握する。 ③幼児の一日の生活の流れを知る。 ④幼児の活動、指導教諭の指導を観察する。 ⑤実習園の週案や日案を知り、指導計画との関係を理解する。
参加・部分実習	①実習園の週案に従い、学生が部分的に指導教諭の指導を受けながら実習する。 ②幼児と活動をともにし、指導教諭の助手として幼児の指導にあたる。 ③保育指導に必要な教材、教具等を準備する。
責任実習	①指導教諭の指導を受けながら、実習園に即した週案、日案を作成し、実習生自ら主体的に実習する。 ②保育前の準備、保育後の整理等、幼稚園教諭としての仕事全般を実習する。 ③教育実習の総仕上げとしての「一日実習」などを体験し、幼稚園における保育活動の流れを理解する。 ④各自、課題を設定し問題意識をもって実習する。

(6) まとめ

こども学専攻が設置され、現時点でわずか2年余りである。卒業生の輩出がない中、本専攻の真の評価が下されるのは複数年待たなければならないだろう。しかし、その間、保育現場は一時も休むことなく連続してこどもの保育活動に当たっている。今後は、保育現場との連携を密にするとともに、地域社会に貢献しうる人材育成がさらに専攻に要請されるであろう。

伝統を生かして本学を良くしよう、教職員の皆さんのお力を！
事務局長　葛西　泰次郎

　ここ数年、本学は、こども学専攻の設置、入学定員増、学内LANの導入、学内改革の実施、学舎のリニューアル、新学務システムの導入、等々教育環境の改善と取り組んできました。

　このことがどこまで効果があったのかは別として、全国短期大学の過半が定員割れする昨今、定員充足し続けている本学には、何かの秘訣があるのではないかとして、一昨年末、日本私学事業団（経営相談室）の訪問調査を受けました。

　特別、差別化を誇れる決定的なものはなかったものの、唯一本学には、伝統的に教員と職員の間に「和気あいあいの協調的雰囲気」が常日頃から醸成されており、このことが学生指導にも生かされているのではないか、これが、本学の活力の源泉になっているのではないかと、説明したことがあります。

　この創立40周年を機に、良き伝統を再確認し、教職員の皆様のご協力を得て、「大学を良くしたい」と言う永遠の課題に取り組みたい。

葉タバコ農家の娘は禁煙教育者
野口　真里

　私は三重県の葉タバコ農家に生まれ、幼少の頃から、丸々一年をかけて質の良い葉タバコを出荷する為に、必死で働く家族の姿を見て育ちました。しかし現在、喫煙は健康に危害を与えるものとして、世界規模での規制が行われ、三重県では3年前には40数軒あった葉タバコ耕作農家も、廃作を迫られ、現在は10数軒にまで減少しました。県外のある地区では「路上での喫煙は終日禁止、違反者には罰則を科す。」といった条例もあるくらいです。私も現在、養護教諭養成校の教員として、禁煙教育に取り組んでいます。家族は葉タバコを生産していますが、私は人の健康を脅かす喫煙行動を勧めることはできません。教員として、人として、人間の健康を守る側につきたいのです。しかし母は言います、「生産者が少なくなった今は、代々伝わってきた葉タバコ耕作の歴史を大切に残していくことが私たちの仕事。葉タバコは歴史ある作物だから。」私の心は、少し複雑です。

文化の創造と発信を　　　　　　　　　　　　　　　　　　黒川　建一

　ほとんど縁のなかった鈴鹿の地に、予期しない経緯で縁が生まれ、週1回通うようになって1年半。最初の頃は、平田町駅から学校まで歩きました。民家の並ぶ、鈴鹿で落ち着いた道です。例えば、古い家の庭先にも何かだいじなことを感じたり、いろいろの気づきがあります。生活の中の文化を味わいながら歩きます。往復を繰り返しても飽きることがないのです。ただ、ちょっと遠くて、くたびれるので、この頃は、緑いっぱいの自然の景色を楽しみながら、ゆっくり運転で通っています。

　意識しないと、ここが遊園地や自動車産業で広く知られた、近代的な町であることを忘れてしまいます。意識すると、発展への基盤が、すでにできているのを感じます。どんな発展をしていくのでしょうか。

　大学の所在地が、浮世絵で見る庄野の里であることも、はじめて知りました。往時の面影も残っているのでしょう。すばらしい環境です。この環境こそ、未来につながっているのではないか。未来につなげて、「真理を胸に刻み、希望を語る」。それにふさわしい環境なのではないか。

　この里に、さまざまな文化を創造し、この里から、さまざまな文化を発信する。本学の役割の大きさが見えてきます。期待がふくらみます。

笑うこと　　　　　　　　　　　　　　　　　　　　　　　　生川　幸紀

　10年程前から、市内の人形劇団の活動に参加させてもらっています。そこではいろいろな笑いに出会うことができます。昔話を人形劇にして幼稚園や老人ホームで公演しているのですが、人形の製作や台本づくり・演出等、すべて手作りです。女性ばかりのチームですから、集まる時はいつもにぎやかで、笑いが絶えません。週に一度のミーティングも笑いに行っているようなものです。

　自分達が笑うのも楽しいですが、誰かが笑っているのを見るのも幸せな気持ちになれます。公演では人形を見て笑ってくれる人、思ってもいない場面で笑ってくれる人、その様々な反応を糧にまた次回、がんばろうという気持ちになることができます。

　「笑う門には福来たる」…昔の人はうまいことを言いますね。最近では、笑いと健康の関係も科学的に実証されているそうです。これからも「笑い」を通していろいろな人と出会い、ますます元気に…そして幸せになろうと思います。

図書館司書のお仕事　　　　　　　　　　　　　　　　　　伊藤　朋子

　図書館司書の仕事の中で私が最もやりがいを感じるのは、リファレンス業務です。あまり耳慣れない言葉かと思いますが、わかりやすく言うと利用者の方（短大図書館では主に学生さん）の調べ物のお手伝いをすることです。「〜に関する本はありますか？」「〜は、どこに載っていますか？」といった質問に対して、答えそのものを教えるのではなく、それをどのように調べれば良いのかを助言して、次から学生さんが1人で調べ物ができるように手助けします。たまに「オススメの本はありますか？」という質問も頂くので、そんな時はベストセラーなどに加えて、ついつい何冊か自分の好みの本を挙げてしまったりもします。学生さんがどんな本を求めているのかを直接聞ける貴重な機会ですから、新しく購入する本の候補を選ぶのにも役立ちます。図書館で何か質問をした時は、1か月後くらいに、それに関する本が増えていたりするので、是非探してみて欲しいと思います。

事務職員の勤め　　　　　　　　　　　　　　　　　　　　山下　真史

　私も事務職員として勤めて早5年が経ちます。その中で感じた「事務」という存在は、教員に比べると学生とのコミュニケーションの機会も少なく、授業をするわけでもない「極めて薄い存在」だと、少なくとも赴任当初はそう感じていました。しかし、現実は学生から声をかけられることも多く、中には名前を覚えてくれている学生もいて、思っている以上に学生から見て決して薄い存在でありませんでした。確かに思い出せば私も大学生の頃に先生（教員）と同じくらい事務職員に大変お世話になっていたことを同じ立場になって気付きました。書類の書き方、申請書の提出方法など授業では学べない「社会経験」をそこで教わりました。事務職員の勤めは、ただ事務的に作業をするのではなく、職務を通じて社会というものを学生に伝える。これが与えられた学生への「教育」であると私は実感しました。

　事務の存在感の有無ではなく、教員ができること、事務員ができること、与える役割それぞれですが、一つひとつの積み重ねが学生の教育そして成長へと繋がるのではないでしょうか。

第 2 部　短大における研究編

日進月歩の学問の世界にあって教員の絶え間なくそそがれる研究活動。本学では、その成果に基づく教育が展開されてきて、人々に幸福をもたらしていることは間違いありません。

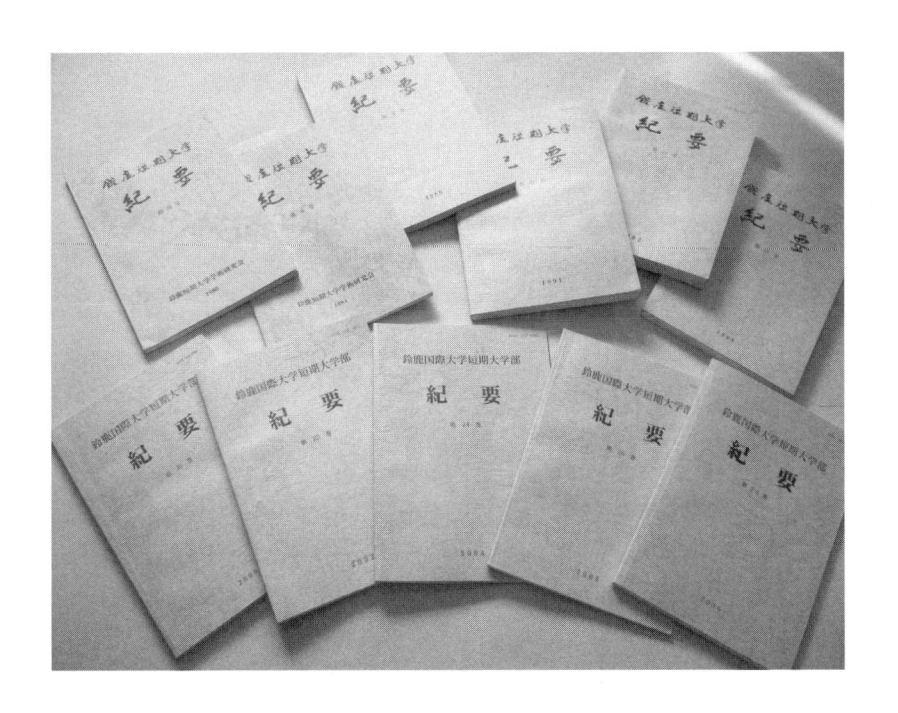

> **堀　敬文先生の「紀要発刊にあたって」より抜粋……1980年**
>
> 　本学は小規模な短大でありますので教職員も少人数であります。それでも、この度、12編の論文が出されたということは、先生方のこれに期する熱意の程がうかがわれます。紀要は日常の研究の成果を発表される場でありますが、息切れのしないように、また紀要のための研究にならず学生諸君に還元される地についた研究が長く続けられることを期待します。本学独自の学園カラーにあった特色ある紀要として成長していくことを望みたいものであります。
>
> 　オーソドックスな問題を正面よりとりあげて研究を深めていくことは大学の研究として意義のあることでありますが、本学のごとく地方都市の短大としては地域社会問題をとりあげていくことも大いに意義あることでありましょう。

　鈴鹿短期大学紀要は、1980（昭和55）年に創刊号を刊行して以来、2006（平成18）年には第26号を発行しました。
　表紙の題字は初代学長堀　敬文先生が書かれました。

第4章　　教育現場における SST

永石　喜代子、小川　弥生[*1]、大野　泰子、野口　真里、米田　綾夏
[*1]岡田耳鼻咽喉科

キーワード：SST、不安感情、社会的スキル

はじめに

　ソーシャルスキルトレーニング（Social Skill Training：以下 SST と略す）とは、人が日常生活を続けるために望ましい行動を新たに獲得していく方法であり、その研究のルーツは行動療法である。SST は人と人との付き合い方を学び、不適切な行動を改善し、より社会的に望ましい行動を新たに獲得していく方法で、特に精神医学や心身障害において、トレーニング技術として精錬されたものとなっている。

　最近、「コミュニケーションが苦手」「自分の感情を上手く出せない」という子どもが多いことから、教育現場や教育相談において、ソーシャルスキルを用いた教育や研究が増えている。特に学校現場や学習障害 Learning Disabilities（LD）・注意欠陥多動性障害 Attention Deficit Hyperactivity Disorder（ADHD）等の発達障害教育における特別支援教育にも積極的に用いられている。

　しかし、社会的スキル獲得には個人の不適応現象やストレスから不安感情が生じ、マイナス効果を与えるのではないだろうか。特に、自己表現が苦手な子どもや緊張タイプの子どもにとっては、大きなストレスになると考えられる。

SSTを教育現場で活用するには、この憂慮を軽減する教育的配慮が必要ではないだろうかとの仮説を立てた。そこで、SST実施前後の不安感情の変化と、それを軽減する教育的配慮について検討を加えてみたい。

本来SSTを行うのは、障がい者（児）を対象にしている病院や施設、低学年を中心とした子どもが主流であり、大人や教職員を対象としたSSTは先行研究にはほとんど見当たらなかった。そこで、学生の素朴な疑問である、「子どもたちを教育している教職員のソーシャルスキルは十分なのだろうか？」「将来、養護教諭を希望する学生にとって、まずは自分達がSSTを体験してみる必要があるのでは？」との観点から、SSTを卒論のテーマに選んだ学生をリーダーとして、ゼミグループを中心にSSTを実施し、学生自らがSSTを体験し、スキル体験する子どもたちと、それを指導する教職員の両者の視点から、SSTの有効性を検討してみることとなった。

1. SST（Social Skill Training）について

（1） SSTの流れ

SSTはSocial Skill Trainingの略である。Social―すなわち、社会性とは体験を通して学んだ人付き合いのやり方で、児童期に最も発達し、特に小学2年生から小学5年生頃に身に付けたものとされる。しかし、今日子ども達を取り巻く環境は少子化、核家族化の影響で社会性を身につける機会が減少し、そのソーシャルスキルの稚拙さが指摘されている。そこで現在の学校教育現場では、「集団」の場であり、一定のマナー、行動様式があり、対人関係のコツである社会性を学ぶ格好の場として、学校でのスキルトレーニングが積極的に行われている。

その流れは図4-1のように、まず、言語的教示である「インストラクション」で、SSTの重要性を言葉で説明しその重要性に気づかせることから始める。続いて、スキルの見本を見せ真似させる「モデリング」を実施し、次に、実際に自分達でやってみる「ロールプレイング」を行い、さらに体験したこと

を仲間同士で褒め合い、修正してやる気を高める「フィードバック」。そして、最後は、練習したスキルを実生活で使えるように促す「定着化」がある。この「インストラクション」から「定着化」の流れに沿って繰り返しトレーニングすることによって、行動や認識の変容が見られると考えられている。

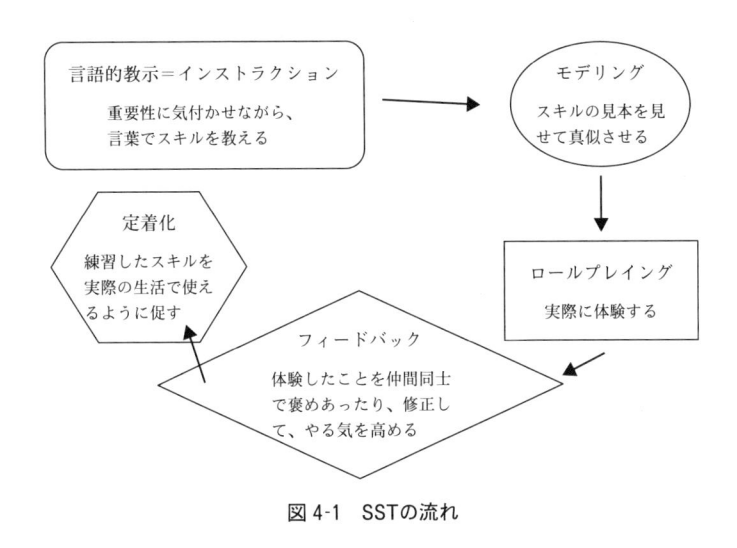

図 4-1　SSTの流れ

（2）　教職員対象のSST

児童や障がい者（児）に対するSSTが多いなかで、教員に関するSSTを文献検索したところ、「鈴井陽子：ストレスマネージメント・教育を行うための教職研修に関する研究」[1]があった。それはSST（Social Skill Training）の「行動の教育」とSGE（エンカウンター）の「感情の教育」の組み合わせで、教職員が自分の感情や相手の感情に気づくことを目的とした研究であった。それは単なる行動獲得のスキルではなく、感情教育も同時にトレーニングしていく方法である。

今日の教育現場におけるSSTには、そのルーツである「行動の教育」（行動療法）だけではなく、感情の教育（心理療法）の両者が必要と考え、「鈴井陽子：ストレスマネージメント・教育を行うための教職研修に関する研究」を参考として計画実施することとした。

（3） 構成的エンカウンター（SGE）

エンカウンターとは「出会い」「本音と本音のふれあい」という意味である。本音を表現し合い、それを相互に認め合う体験である。エクササイズ（課題）を与えて、それを楽しく実施し、シェアリング（分かち合う）で、そのときの率直な気持ちをグループメンバーで語り合う。そこで、あたたかな触れ合いを感じながら、自分自身での「気づき」を深めていく方法である。いわゆるゲーム感覚で楽しみながら、交流を深めていき、その後のSSTをできるだけ不安なく行うための事前学習のようなものである。

2. 研究方法

（1） 研究目的

本研究ではSSTを卒論に選んだ学生を中心に、養護教諭コースの短大生12人を対象とし、構成的グループ・エンカウンター（以下SGEと略す）とSSTを組み合わせた教員研修方法を実施し、感情の変化である不安感情の軽減と、社会的スキル獲得の視点から教員におけるSSTの有効性の検証を目的とした。

（2） 研究計画

1） 対象：本学女子学生・養護教諭コース・12名（ゼミ形式）
2） 実施期間：2005年11月から12月の1か月で3回実施。
3） 具体的計画：第1回SGE「あなたのここが素敵」・第2回SST「上手な頼み方」・第3回「上手な断り方」を1時間の設定で実施。具体的な計画内容は表4-2・4・5のように示した。SST実施対象者が理解しやすいよう資料として手渡し、その都度説明を加える。
4） 実施方法：ゼミ形式で学生中心に行い、モデリングとロールプレイングを取り入れ、実施前後でSTAI日本語版（State-Trait Anxiety Inventory）スピルバーガー状態―特定不安検査[2]を質問用紙で実施した。

　質問用紙は群馬産業保健推進センターのH.Pの「Farm X」と「心理

測定尺度集Ⅲ」のスピルバーガー不安尺度を参考に作成した。不安検査は、尺度の信頼性係数が.80 に保たれており、妥当性も確認されている。
5） 質問項目は 20 項目あり、その中の「緊張している」等の 10 項目が不安の存在を問う項目、他の「気が落ち着いている」等の 10 項目は不安の不在を問う項目（逆転項目）である。（資料 1）
6） 回答方法は、質問に対して現在どの程度感じているかを、「まったく違う」「いくらか」「まあまあそうだ」「そのとおりだ」の 4 段階尺度で回答する。
7） 評価方法は回答を順に 1 〜 4 点（逆転項目は 4 〜 1 点）に点数化し、合計点数を算出する。合計点数は 20 点〜 80 点に分布し、表 4-1 のように評価できる。
8） 分析方法：不安検査（STAI）の平均の比較は、SPSSver. 14.0 ウイルコクソン（Wilcoxon）の符号付順位検定を用いた統計処理で行なった。終了後の感想等質的データはコード化し、グルーピングして累積 KJ 法で分析、第一ラウンドから第三ラウンドまでを図式化した。
9） 倫理的配慮：SST 参加協力者には、実施前に研究目的と協力を文章と口頭で説明した。SST を少し苦手と感じる学生には、資料作成や写真担当等での役割分担で行い、SST 参加は学生の自由意志であるとした。また、このデータは研究以外に使用しないこと、成績等に影響を与えないこと等の倫理的配慮を考慮した。

表 4-1 不安検査（STAI）の評価方法[3]

STAI とは？（State-Trait Anxiety Inventory）	
状態―特性不安検査 スピルバーガーが作成した不安測定尺度の質問用紙	
STAI の評価方法	
合計得点	評　　価
20 〜 41	特に問題なし。
42 〜 52	不安度が高くなっている。
53 〜 80	不安度が非常に高くなっている。

3. 実施内容

(1) 第1回SGE（構成的グループ・エンカウンター）

1) 目的：学生同士の交流を深め、受容的な集団の雰囲気をつくる為に、次の二つのエクササイズ（課題）を実施した。（表4-2）

① 「探偵ごっこ」は全体で実施する。条件の紙に「B型の人」等と条件が書いてあり、その紙を1枚ずつ引き、条件にあった人を探し出すゲームである。探し方は、相手を見つけてじゃんけんをし、勝ったら相手に質問ができ、負ければ質問ができずに次の相手を探していく。相手を良く知り、自分のことを知ってもらう、15分程度のエクササイズである。

② 「あなたのここが素敵」は4人組となり、「私カード」（表4-3）に自分の長所を2つ書き、短所を1つ記入する。次に「素敵カード」相手の素敵と思うところを2つ、こうしたらもっと「素敵」だと思うところを1つ記入する。そして、グループで「私カード」を発表し、「素敵カード」を読み上げて相手に贈呈するエクササイズである。

これは自分を表現することができ、自分への肯定的なメッセージを貰うことにより、自己肯定感や自尊感情を高めることを目的とする。

以上のエクササイズを実施後、感想を記入する。

表4-2　第1回SGE　計画表

時間	内　容	形態	準備物
5分	実施目的の説明	全体	
	流れの説明	全体	
15分	①「探偵ごっこ」説明と実施	全体	・配布する紙
20分	②「あなたのここが素敵」説明と実施	4人組	・私カード ・素敵カード
10分	感想を記入し、班内で発表	4人組	・感想カード

表4-3 「私カード・素敵カード」

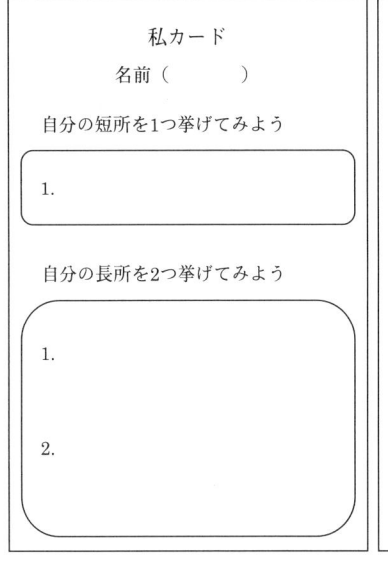

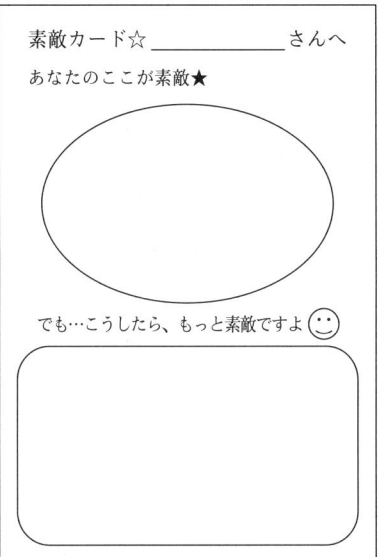

| 私カード
名前（　　　）

自分の短所を1つ挙げてみよう
1.

自分の長所を2つ挙げてみよう
1.
2. | 素敵カード☆　　　　　　　さんへ
あなたのここが素敵★

でも…こうしたら、もっと素敵ですよ☺
 |

（2）第2回SST「上手な頼み方」（表4-4）

1）目的：相手の気持ちを考えながら、自分の意見を主張できる。ソーシャルスキルと自尊感情を高める。

2）内容：「上手な頼み方」

① インストラクション：説明

場面設定はリーダーが行う。

場面設定（講義を休んだ学生AがBにノートを借りる場面）

※場面設定を統一することで、モデリングの演習内容を深く捉えることができる。

② モデリング：リーダーと参加者で「良い例」を見せる。

モデリングを見てどこが良かったか、悪かったかを挙げてもらい、頼み方のコツを班ごとにまとめる。

③ リハーサル：頼む人、引き受ける人、観察者、で4人の班をつくり、班でロールプレイングをする。

④ フィードバック：班でやってみて、良かったことや上手かったことを話し合い褒めあう。

⑤ シェアリング：全体で感想を出し合いまとめる。

⑥ 定着化：今日まとめたものを日常でもできるように、定着化する為の補足をする。

(3) 第3回SST「上手な断り方」(表4-5)

1) 目的：問題場面が生じても、相手の気持ちを考えながら、自分の意見を主張できるようにする。

2) 工夫：班のメンバーをリーダーが指定する。

モデリングを「悪い例」にする。2回目の「良い例」と、3回目の「悪い例」とが、どう違うか。

3) 内容：「上手な断り方」：頼みごとをされたが、どうしても応じられない理由があるので断る場面。

① インストラクション：説明・場面設定は班ごとで考える。

カードで断り方による相手の反応の様子を予測する。

※他人から頼まれたことを断っている絵

怒っている絵・納得して微笑んでいる絵

② モデリング：良くない例をみせる。

モデリングの場面設定：バイト先で、急に用事ができたAが、Bに変わってもらえないか頼むが、Bも予定があり断る場面。

③ リハーサル：各班で場面設定をし、どうすれば良くなるのか、気がついた点をまとめ、話し合い、お願いカードに書いてもらう。

④ ロールプレイング：お願いカードを書いた後、ロールプレイングする。2分間のロールプレイング後、2分間シェアリングしていく。

⑤ フィードバック：班でやってみて良かったことや、上手かったことを話し合い褒めあう。

⑥ シェアリング：全体で感想を出し合いまとめる。

⑦ 定着化：今日まとめたものを、日常でもできるように定着化する為の補足をする。

表 4-4　第 2 回 SST（上手な頼み方）計画表

時間	内　　容	形態	準備物
10 分	説明・不安検査（質問用紙）	全体	・SST のプリント ・SST の流れの掲示物 ・不安検査質問用紙
5 分	場面設定	全体	・場面設定を板書
5 分	モデリング	全体	・配布する紙
15 分	・お願いカード記入 ・ロールプレイング ・班で感想	班	・お願いカード ・観察者のメモ用紙 ・班別の感想用紙
5 分	全体で感想まとめ	班	
10 分	定着化の補足 感想・不安検査（質問用紙）	全体	・個人の感想用紙 ・不安検査質問用紙

表 4-5　第 3 回 SST（上手な断り方）計画表

時間	内　　容	形態	準備物
5 分	説明・不安検査（質問用紙）	全体	・不安検査質問用紙
10 分	説明（インストラクション）	全体	・場面設定を板書
5 分	モデリング	全体	・配布する紙
20 分	・お願いカード記入 ・ロールプレイング	班	・お願いカード ・ストップウォッチ
5 分	班で感想発表	班	・感想用紙
5 分	全体での感想発表	全体	
10 分	定着化の補足 感想・不安検査（質問用紙）	全体	・コツをまとめた用紙 ・感想 ・不安検査質問用紙
5 分	最後のお礼		

4. 結果

（1） 第1回SGE「探偵ごっこ」の感想カードをKJ法で分析の結果（表4-6）

次のように3つのカテゴリーにまとめることができた。

1つめは「皆があたたかい雰囲気になれて嬉しかった」「他の人が助けてくれて嬉しかった」等の「受容されて嬉しかった」というカテゴリーが現れていた。2つめは「エクササイズが楽しかった」「安心感が持てて交流が深まった」「もっとやりたかった」等、「安心感があり楽しい」というカテゴリーがみられた。しかし、この時点ですでに不安の強い人には、3つめの「自分だけ相手がいなくて不安だった」「困った」等の「困惑や不安感」のカテゴリーがみられた。

表4-6　第1回SGE「探偵ごっこ」

カテゴリー	主 な 内 容
嬉しい （受容）	・皆があたたかい雰囲気になれて嬉しかった。 ・他の皆が助けてくれて嬉しかった。 ・硬くなったが、遠慮しなくて言いといわれて嬉しかった。
楽しい （安心感）	・最初は不安だったが楽しくできた。 ・すごく楽しい時間だった。 ・もっとやりたかった。
困惑 （不安感）	・無い条件が出て困った。 ・自分だけ見つからずに不安だった。 ・条件に合う人が見つからずに焦った。

（2） 第1回SGE「あなたのここが素敵」の私カード、素敵カード、感想カードをKJ法で分析の結果（表4-7）

次のような5つのカテゴリーが示された。

1つめは「友達のことをこんなに考えたのは初めて」「自分だけではなく相手が嬉しそうにしてくれるのが嬉しい」等の「相手の気持ちを考える」カテゴリー。2つめは「長所を言われると恥ずかしいが嬉しい」「自分の長所を発表し

てもらうと、少し自信がついて嬉しい」等「肯定的メッセージ」のカテゴリー。3つめは「他人からどのように見られているかが認識できた」「他人の意見を聞き、自分でも認めている部分の認識ができた」等「他者評価の確認」のカテゴリー。

表4-7 第1回SGE「あなたのここが素敵」

カテゴリー	主 な 内 容
①相手の気持ちを考える	・友達のことをこんなに考えたのは初めて。 ・自分だけでなく相手が嬉しそうにしてくれるのが嬉しい。 ・相手の素敵なところがたくさん浮かんできた。 ・素敵なところはたくさん出るが、直したらよいという部分は難しい。 ・相手に長所を伝えることは、相手の自信に繋がり良いことだと実感した。
②肯定的メッセージ	・長所を言われると恥ずかしいが嬉しい。 ・自分の長所を発表してもらうと自信がついた。 ・「長所は短所」と思いつつ、面と向かって自分の長所を言われると恥ずかしいが嬉しい。
③他者評価の確認	・他人からどのように見られているのかが認識できた。 ・他人の意見を聞き、自分でも認めている部分の認識ができた。 ・短所で、自分が考えてもいなかった、意外な点があったので直すようにしよう。言ってもらってよかった。
④自尊感情を高める	・自分の素敵なところを大切にしよう。 ・もっと素敵な人になれそう。 ・アドバイスを貰った点を頑張れば、違う自分になれるような気がする。
⑤自己洞察	・自分の意外性の部分が聞けて嬉しかった。 ・自分自身を見つめなおす機会となってよかった。 ・自分の知っている自分と、人から見た自分が少し違っていたが、自分を振りかえることができた。

4つめは「自分の素敵なところを大切にしよう」「もっと素敵な人になろう」等「自尊感情を高める」要素のカテゴリー。最後に「自分の意外な部分が聞けて嬉しかった」「自分を見つめなおす機会となってよかった」等「自己洞察」につながるカテゴリーであった。

（3） 第2回不安検査（STAI）の結果

　第2回、SST前後の不安検査（STAI）は、図4-2に示すように、実施前の不安点数は最高点数が54点、最低点数が32点であった。実施後の不安点数は最高が57点で最低が28点であった。不安の評価基準に照らしてみると、42点以上の不安が高くなっている人は、SST前に5人（50％）いた。その中でも、53点以上の不安が非常に高くなっている人は2人いた。SST後は、不安が高い人が3人と減少したが、非常に不安が高くなった人（57点）が1人いた。SST前後を比較すると10人中8人がSSTを実施後に減少していた。しかし、2人は実施後に不安が高くなっていた。

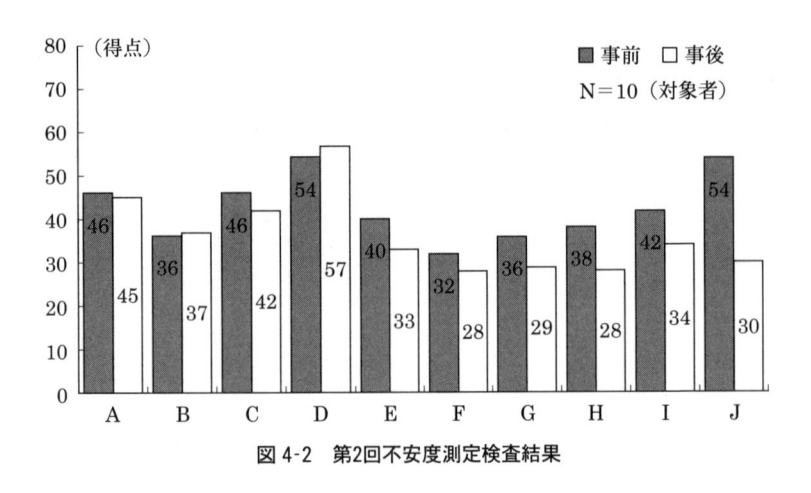

図4-2　第2回不安度測定検査結果

（4） 第3回（不安検査）STAIの結果

　図4-3で示すように、SST前は不安の最高点数が65点、最低点数が27点とかなりの点差があった。SST後の不安検査では、最高点数が73点、最低点数が26点であった。第3回のSST前では不安度が高くなっている人が9人中、7人であったが、1人を除いては、SST後では減少していた。

図4-3 第3回不安測定検査結果

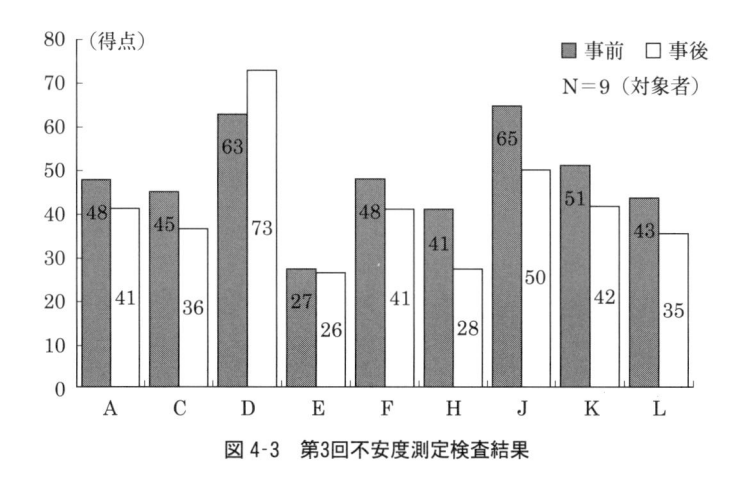

（5） 第2回と第3回の不安検査（STAI）の平均値を比較検討した結果

図4-4で示すように第2回のSST前後の不安検査（STAI）の比較では、−6.1の減少傾向がみられ、第3回のSST前後の不安検査（STAI）の比較では、−6.6の減少傾向がみられた。また、第2回と第3回の最大値や平均値は第3回が高くなっていた。

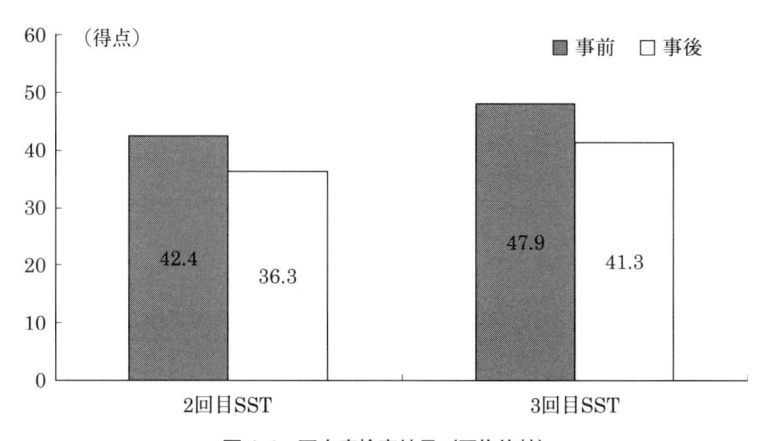

図4-4 不安度検査結果（平均比較）

(6) 不安度得点の集計結果

SPSSver.14.0 J のウイルコクソン（Wilcoxon）の符号付順位検定により、統計処理し、結果を表4-8に示す。

有意差判定の結果は、第2回SST実施前後で、有意差確立（両側）で0.019と5％水準で有意差は認められた。第3回SST実施前後の不安比較は、有意差確立（両側）で0.066と有意差は認められなかった。

表4-8 記述統計量

第2回 SST 前/後 不安得点	度数	最小値	最大値	平均値	標準偏差
前	10	32	54	42.40	7.531
後	10	28	57	36.30	9.334
有効なケースの数（リストごと）	10				

第3回 SST 前/後 不安得点	度数	最小値	最大値	平均値	標準偏差
前	9	27	65	47.89	11.439
後	9	26	73	41.33	13.964
有効なケースの数（リストごと）	9				

Wilcoxon の符号付き順位検定

	有意確立（両側）	有意差
第2回 SST実施 前―後の 比率尺度	.019	＊
第3回 SST実施 前―後の 比率尺度	.066	

＊ $P<0.05$

(7) SST終了後の感想等からみるメッセージの結果（表4-9）

メッセージをKJ法で分析した結果、4つのカテゴリーに分類できた。

1つめは「現代の若者に欠ける社会性のトレーニングになる」「SSTを通して人との付き合い方、社会性の大切さを学んだ」等、SSTの有効性についてのカテゴリー。2つめは「頼むとき相手の立場を考える」「丁寧さや謙虚さが必要」等の相手の立場を考えたカテゴリー。3つめは「いつもとは違うメンバー指定はとても緊張した」「いつもと違うメンバーと何かをする事の必要性」等の「幅広い人とのコミュニケーション」。そして、4つめに「自分を振りかえる

ことで相手への配慮ができる」等のカテゴリーであった。

(8) 質的データの累積KJ法・第三ラウンドの結果

メッセージを累積KJ法で分析した結果を関連図で示した（図4-5）。

第一ラウンドでは、楽しかった、恥ずかしかった、不安だった、等の学生の視点からの関連図であった。しかし、回を重ねることで、単なる不安感情の軽減だけではなく、相手から受けた肯定的なストローク、メッセージの有効性や、自分に少しではあるが自信がついてくるという自尊感情の向上がみられた。

表4-9　SST終了後の感想から

カテゴリー	主な内容
①SSTの有効性	・現代社会を生きる若者に欠ける社会性のトレーニングだ。 ・SSTを通して人との付き合い方、社会性の大切さを学んだ。
②相手の立場	・頼むときに相手の立場を考える。 ・丁寧さ謙虚さが必要。
③幅広い人とのコミュニケーション	・いつもと違うメンバー指定はとても緊張した。 ・違ったメンバーで何かをする必要性がある。
④自分を振りかえる相手への配慮	・断り方、頼み方から、いかに相手の気持ちを知って、お互いの立場を考えることが大切であるか理解できた。 ・全3回を通して自分を振りかえることができた。 ・相手を配慮する気持ちが少し分かった。

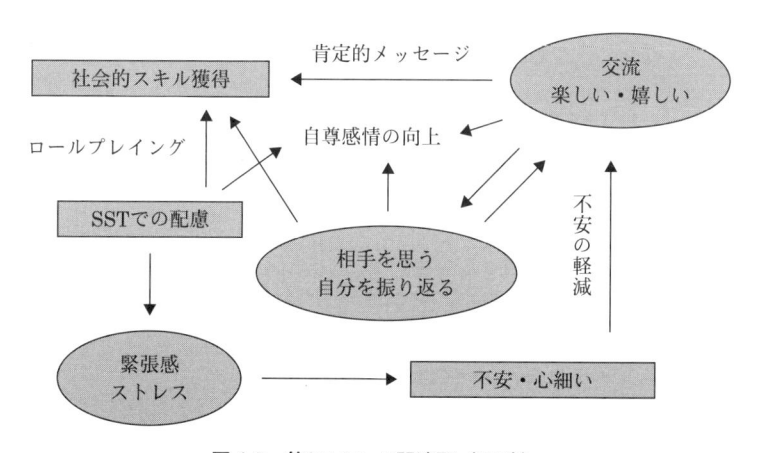

図4-5　第3ラウンド関連図（KJ法）

5. 考察

1) 第1回のSGEは楽しみながらエクササイズができ、学生同士の交流が出来ている。相手の話をしっかりと聞くという受容の態度や相手に受容されているという安心感から、自分の感情を自然と出せるようになると考える。しかし、メンバーの中には緊張感の高い人もいて、第1回のSGEの段階から不安が高まっている人もいることは配慮する必要がある。

2) 「あなたのここが素敵」は肯定的なストロークを受ける事は恥ずかしいが、嬉しいという快の感情を得て、自尊感情が高まってくる。自分の意外な点が分かったり、褒めてもらうことで少し自信がついたり、もっと素敵な自分になれそうな気になったりする。最近の子どもは自尊感情が低いといわれるが、褒められること、良いストロークをもらうことが重要であると考える。

3) 第2回と第3回のSSTは、「上手な頼み方」「上手な断り方」のトレーニングである。ここでは実際にロールプレイングをやってみて、また、他者がやっているのを観察して話し合う中で、社会的スキル獲得には効果的であるという考えが現れた。

4) SSTには想像以上の状態不安が生じていた。第1回の交流で和やかな雰囲気が作られていると感じたが、それでもなお、学生達は不安点数を高めに出ていた。ただし、これはかなりの個人差がみられた。

5) 第2回と第3回の不安状態（平均差の比較）では、第2回平均よりも第3回の平均が高く出ている。これはグループ構成に原因があると考えられる。2回目のグループメンバーは学生自身が選択し、仲の良いメンバーを選んだグループ構成になっている。しかし、3回目はリーダーからの指名でグループメンバーを構成した事によりストレス状況が影響したと考える。普段、あまり交流の無い学生がいたことや、場面設定を班で考えたことが、班の緊張や不安を高めたと考えられる。

6) SST前後の不安状況の変化は、第2回、第3回ともSST実施後に不安が軽減している。第2回のSSTの前後は有意差が認められた。しかし、第3

回は減少傾向が見られたものの、有意差は認められなかった。この要因は、メンバーを指名したことや、場面設定を班で考えさせた事に起因すると考える。

6. まとめ

　1）　SST 終了後の振りかえりや感想メッセージ等の質的データの累積 KJ 法では、SEG が学生同士の交流を深め、楽しい、嬉しいという感情をもたらし、不安の軽減を図っている。SST 前に実施することで感情の表出の効果をもたらしている。
　2）　SST のトレーニングにはかなりの不安、緊張、ストレスがあることが明らかとなった。
　3）　累積 KJ 法で分析した結果からは、①「肯定的なメッセージの有効性」②「改めて自分の長所に自信を持つ」という【自尊感情の向上】が見られた。③上手な頼み方や上手な断り方のロールプレイングから、「社会的スキル獲得」が理解できた。④不安の軽減がみられた、等の 4 つの有効性が見られた。
　4）　SST 実施前後の不安状況の比較からは、大半の学生は SST 終了後に不安は軽減している。特に第 2 回の不安の軽減は有意差を認めた。
　5）　不安を高める要因として、メンバー構成やテーマの設定が大きな影響を与えているが、学生の個人差も否めない。

おわりに

　少子化、核家族化等の社会現象から社会性を身につける機会が減少した今日、現代の子ども達は人間同士の絆が弱くなり、家庭や地域での教育力が低下してきている。その結果、本来身につけているはずの社会性が身についていない。特に思春期には仲間同士の人間関係や喫煙、飲酒等の危険な誘惑があり、社会が急激に複雑化し多様化すればするほど、自己主張ができない子どもは、

自分の生き方さえも分からなくなっていく。他人からプレッシャーを受けると不安や葛藤が生じ、その結果として自分の意志とはまったく異なる行動をとる。それがいじめや暴力、不登校、さらには今日の青少年の悲惨な犯罪という危険行動に結びつくのではと考える。そこで、自分の真の「自己表現」「自己主張」ができるためには、相手のことを配慮し、人間関係を壊すことなく、しかも、自分の考えや意見を上手く伝えるスキルを学ぶ事が、今日を生きるには重要なのである。昔ほどシンプルな生き方ができなくなっているのであろう。

本研究で行ったエクササイズ体験では、相手のことを配慮することの出来る力を育てることや、自分の魅力、自分らしさを見つけて、自尊感情を高め自分に自信をつけること、更に、上手な頼み方や、断り方も、社会スキルの獲得として重要なスキルであることが改めて分かった。このスキルを育てるには、意識的、計画的に取り組む必要があろう。

SSTはこのようなスキル獲得の方法を実際に体験するとともに、仲間の対処方法を観察し、その対処法の有効性を確認することを通してそのスキルを身につけ、日常生活において実践できるトレーニングである。今回の研究においても、SSTの有効性は確認できたといえる。

しかし、社会的スキル獲得には、予測していたように個人の不適応現象やストレスから不安感情が高いことも明らかとなった。SSTを教育現場で活用するには、この不安感情を軽減するための教育的配慮が必要である。

SSTは実際にやって見せて、人の真似をすることから【学ぶ】行動変容である。しかし、それだけではなく、そのときの楽しさや、相手を思いやる感情教育も同時に行う必要性が明らかとなった。

それを必要としているのは、子どもや障がい者（児）だけではないのである。本研究のモチベーションとなった、「大人のSSTはないの？」「教育者はスキル獲得ができているの？」「教育者は社会性が身についているの？」という学生の素朴な疑問に、明快な答えが出たのではないだろうか。

※ 本研究は第49回東海学校保健学会で奨励賞を受賞した研究発表を修正したものである。

参考文献

1) 鈴井陽子、『ストレスマネージメント・教育を行うための教職研修に関する研究』、http://www.edu-c.pref.okayama.jp/choken/H12/suzui、(2005)
2) 群馬産業保健推進センター、『STAI 状態―特性不安検査（form X）』、http://wwwl.diz.biglobe.ne.jp/~sanpo10/mental/mental07.html
3) 堀洋道、松井豊、『心理測定尺度集Ⅲ―心の健康をはかる（適応・臨床）』
4) 諸富祥彦、北島善夫、片桐力、『シリーズ学校で使えるカウンセリング 5LD・ADHD とその親へのカウンセリング』、ぎょうせい、(2004)、PP.9-27、PP.169-179
5) 畠山和彦、日本教育カウンセラー協会認定上級教育カウンセラー、『関係づくりに活かすソーシャルスキルトレーニング』、www.pat.hi-ho.ne.jp/soyama/kensyu/tobira/19sst.pdf
6) リンダ・J・フィフナー、『こうすればうまくいく ADHD をもつ子の学校生活』、中央法規、(2000)、PP.3-21、サイエンス社、(2001)、PP.183-186
7) 東律子、『ストレス・コーピングと Burnout の実態から』、日本精神看護学会、(2005)
8) 皆川興栄、『ライフスキル教育の研究と課題』、学校保健研究、(2005)、PP.579-583
9) WHO・編、『WHO ライフスキル教育プログラム』、大修館書店、(1997)
10) JKYB 研究会・川畑徹朗、『心の能力を育てる JKYB ライフスキル教育プログラム』、東山書房、(2005)
11) 永石喜代子、小川弥生、大野泰子、野口真里、米田綾夏、『第 49 回東海学校保健学会』発表、(2006)

資料1

STAI 状態不安検査

今、「そうだなぁ」と思うところに○をつけて下さい。

	項　目	1. 全く違う	2. いくらか	3. まあまあ	4. その通り
①	気が落ち着いている				
②	安心している				
3	緊張している				
4	くよくよしている				
⑤	気が楽である				
6	気が動転している				
7	悪い予感がする				
⑧	気が休まっている				
9	気がかり				
⑩	気分が良い				
⑪	自信がある				
12	神経質になっている				
13	落ち着かない				
14	気が張り詰めている				
⑮	くつろいだ気分				
⑯	満ち足りた気分				
17	心配がある				
18	非常に興奮している				
⑲	何か嬉しい気分				
⑳	気分が良い				

※　番号に○がついている項目が逆転項目（安心を表す項目）

第5章　中国内モンゴル自治区住民の食文化
―阿日昆都楞鎮農牧場パオを視察して―

山田　芳子、久保　さつき、岡野　節子、福永　峰子、梅原　頼子
乾　陽子、川村　亜由美、藤原　いすず

はじめに

中国内モンゴル自治区の遊牧民は草原地帯に住み、羊や牛を追いながら水や草がある所を転々と移り歩く遊牧生活を送ってきている。遊牧民は、設営と運搬が簡易で、過酷な気象条件にも対応できる「パオ」と呼ばれる移動式テントが住居である。しかしながら、2002（平成14）年には、放牧は乾燥化を招くとして、全面的に禁止され、以前のような遊牧スタイルはほとんどなくなり、近年では集落に定住して牧畜を行うようになり、生活環境も変化しつつある。我々が視察した地区でもパオを住まいにしているのは数世帯で、観光用パオが1か所設営されているだけであった。

そこで、近い将来には残り少ないパオ生活世帯はレンガ家の定住生活へと移行することが推測されるため、パオを視察し、特に食生活の実態を把握したので報告する。

1. 視察地区の概要

内モンゴル自治区は中国北部の国境地域に位置し、北東から南西にのびる細長い形で、国土面積の12.3%を占め、各省、直轄市、自治区の中で3番目に大

きい。北はモンゴル、ロシアと境を接していて、国境線の全長は 4,200km である。自治区全体はほぼ高原の地形で、大部分の地域の海抜は 1,000m 以上あり、内モンゴル高原は中国の四大高原の中で 2 番目に広い。高原の他に、山地や丘陵、平原、砂漠、河川、湖などがある。民族は漢族を主としてモンゴル族、回族、満族、朝鮮族など多くの少数民族が暮らしている。

視察地区は、内モンゴル自治区の東北部に位置する通遼地級市の 1 つ扎魯特（ジャルート）旗の阿日昆都楞鎮農牧場である（図5-1）。

扎魯特旗の人口は約 30 万人、面積は約 1 万 7,193km^2 で、北方は高く、南方は平原、その中間は丘陵の地形をしている。気候は、地理的位置と地形の影響により、温帯大陸性モンスーン気候が主である。年間平均気温は 2.8℃（冬は長くて厳寒であり−30℃ にもなる）である[1]。

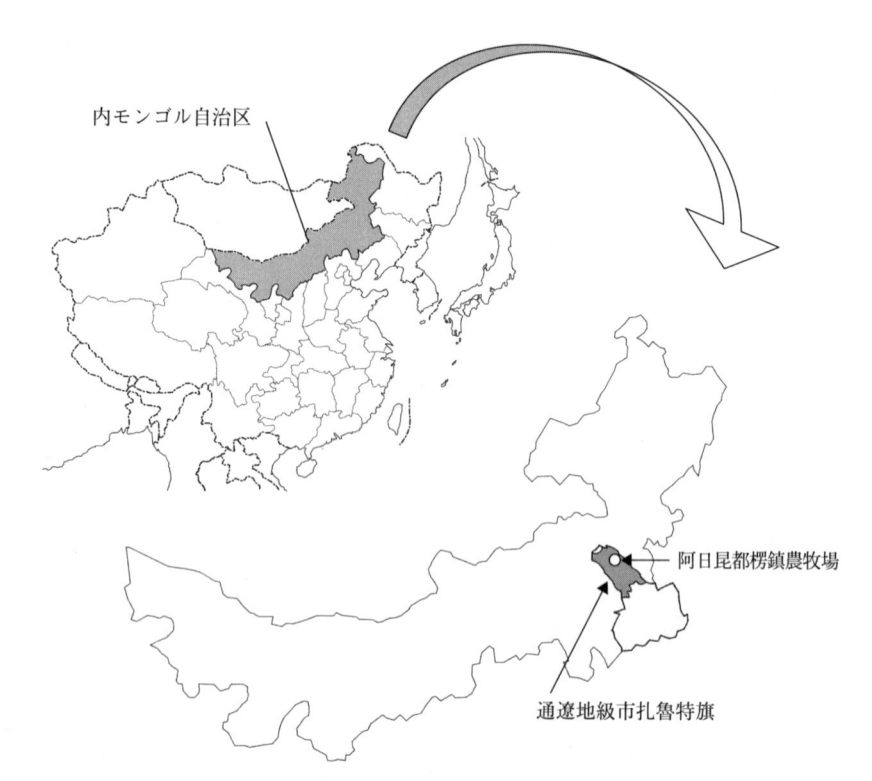

図 5-1　視察地区（阿日昆都楞鎮農牧場）

我々が2006（平成18）年9月4日〜7日まで滞在した阿日昆都楞鎮農牧場のほとんどが、モンゴル族の居住地であった。気温は15℃前後、湿度は25％前後で、汗をかくこともなく吹きわたる風は肌寒さを感じた。近年、干ばつ続きでほとんどの河川は水が流れていない状況であったが、モンゴリアン・ブルーの蒼い空と果てしなく広がる大草原、その中で放牧されている白い羊や牛の群れなど、壮大なパノラマが広がり、時間がゆったりと流れていく地域であった。

2. パオでの生活

視察は、草原の丘陵に円錐形で丸屋根のパオが3個、炊事家屋が1軒、これらを鉄線と杭が囲む場所（塀のようなもので出入り口（門）が1カ所ある）で行った。門の外100m程離れた所に簡易トイレが作られていた（図5-2、写真5-1〜2）。

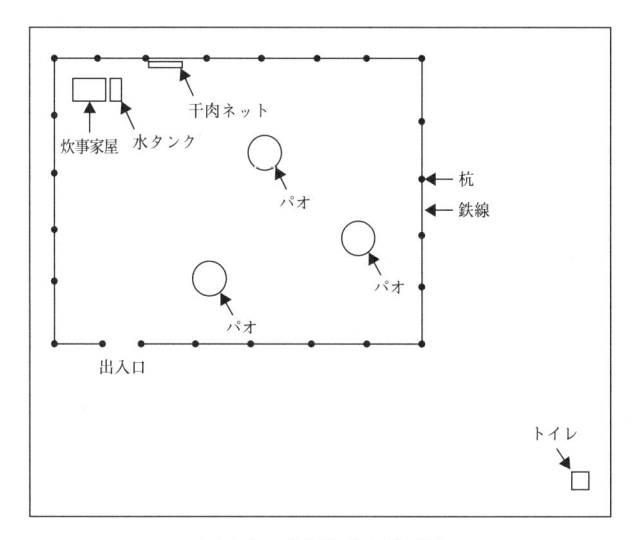

図5-2 パオ生活の平面図

写真 5-1　パオ生活の全体

写真 5-2　パオ

　パオは、木や牛の皮を素材とした縄や布を使用し、釘は一切使わず組み立て式である。周囲は白い羊毛のフェルトを張りつけたもので覆われている。出入り口は一箇所、屋根には通気、換気、採光のための丸い口が開けてある[2]。室内は床板パネルの上一面にじゅうたんが敷き詰められ、モンゴル調の塗りと絵で飾られた家具（テーブルや戸棚）、テレビやビデオデッキが置かれていた。

　炊事家屋は簡易な木造で床板がはられている。屋内は壁土で作られた煙突がついている釜戸、食器戸棚付き置台、大型冷凍庫が置かれていた。屋外には調理用テーブル、生活水の水タンク、干肉を作るネットが設置されている。生活水は1～2km離れている定住民家の井戸水を移動式（車輪付き）タンクに貯めて使用、タンクには蛇口が付いている。燃料には乾燥させた牛糞と石炭を利用しているなど、遊牧民の生活環境が把握できた（写真 5-3～10）。

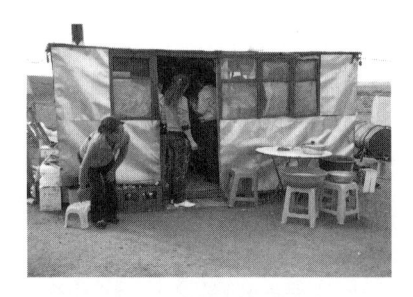

写真 5-3　炊事家屋（外観）

写真 5-4　釜戸

第5章　中国内モンゴル自治区住民の食文化―阿日昆都楞鎮農牧場パオを視察して―　　91

写真 5-5　食器戸棚付き置台

写真 5-6　大型冷凍庫

写真 5-7　調理用テーブル

写真 5-8　水タンク
タンクに貯められた水は、生活水すべてに利用される

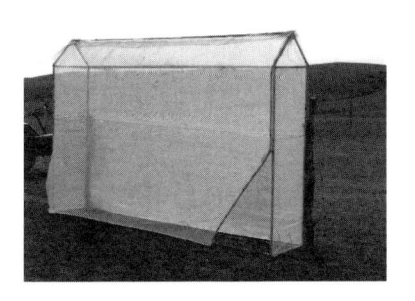

写真 5-9　干肉ネット
肉をひも状に切って吊るし乾燥させる

写真 5-10　乾燥させ固めた牛糞
馬や羊の糞は燃料にならない

3. モンゴルの伝統的な食事

視察地区での食材料は羊、豚、鶏の家畜や乳製品（動物性食品）ときゅうり、キャベツ、なす、青梗菜、ピーマン、トマト、インゲン、ねぎ、かぼちゃ、じゃがいもなどの収穫野菜（植物性食品）である。解体された肉類（羊・豚など）は大きな冷凍庫で冷凍保存されている。

一般的なパオの朝食（写真5-11）は、奶茶（フッチェ：モンゴル名）、細かくカットされた奶豆腐（ホルッド）、炒米（ホレバダ）、奶油（ウルモ）、バター（シェルトス）、砂糖（チャガンシヒル）が出される。砂糖以外はすべて手作りである。朝食の食べ方は、①奶豆腐はそのまま噛んで食べる。②炒米の中に奶油と好みで砂糖を加えて食べる。③炒米にバター、奶豆腐、砂糖を混ぜあわせ奶茶を注いでさらに混ぜ合わせて食べるなどである。そして、毎日の食事に欠かせない奶茶は大型ポット（3.8ℓ、写真5-12）に作られていて何杯も飲む。モンゴル式ミルクティーである。これらは家畜の乳製品を加工した簡単な料理で「モンゴルの白いご馳走」と呼ばれる。食事の支度に時間をかけることができない遊牧生活がうかがえる。乳製品はたんぱく質、カルシウムが豊富なため、がっちりした身体を作ることはいうまでもない。病気の予防や治療のための食材として発酵乳製品は、高血圧、糖尿病、胃腸や関節病などの疾病を治療する[3)4)5)]。

内モンゴル料理は、羊の肉が最高のご馳走で「モンゴルの赤いご馳走」と呼ぶ。客をもてなす際や祭事などには欠かすことのできない料理である。羊肉は牛肉並の高たんぱくな食材である。たんぱく質を構成するすべての必須アミノ酸を、人間にとってほぼ理想的な比率で供給できる。また、羊肉（臓物を含む）やその血液にはヘム鉄が豊富に含まれ、貧血、冷え性の予防になる。その上、不飽和脂肪酸も多くコレステロール値を下げる効果がある[3)4)5)6)]。その日の早朝に家畜の羊を解体し余すところなくすべて利用する。食卓には「骨付き羊肉のゆで煮」、「羊の血液の腸詰め煮」「臓物の煮込み」「生野菜（きゅうり、白菜、ねぎ、ピーマン）とみそ」などがそれぞれ大皿、大鉢、盆などに盛られ、

食卓の中央に出される（写真5-13）。その食卓を囲んでナイフと箸で食べる（写真5-14）。

骨付き肉の正式な食べ方は、モンゴルナイフで肉をそぎ取って、口に放り込む食べ方で、見事に骨だけを残す。羊肉に臭みをほとんど感じないのは、草原の草場で香り豊かな野生のニラやねぎを食べて育っていることや解体の際に血液を胸郭に集めて肉に血液が戻らないようにするからである。最高の食材を最高に味わう遊牧民の調理法であるといえよう。

生のままで食べる新鮮野菜は、ちぎって自家製みそを付けながら食べる（写真5-15）。ぽりぽりと音がして、素朴な食べ方である。最後に「肉粥（肉煮のスープにご飯を加え煮込んだもの）」が出る。料理とともに奶茶を何杯も飲む。

内モンゴル料理は「乳」と「肉」に依存する割合が非常に高いことが分かった。このことは、大野[7]らの内モンゴル族の食品摂取調査の結果にも野菜類、米、肉類、乳類では乳茶の摂取頻度が高いと報告していることと一致した。また、小長谷[8]は内モンゴル遊牧民の伝統的な食具として腰に吊したり、長靴にさしたりして保持するナイフと箸のセットが知られているように内モンゴル自治区では箸文化圏であることを報告している。我々が視察した地区でもナイフと木製の箸が使われていた。

写真5-11　パオの朝食
　　　　　左手前は奶茶

写真5-12　ポット

写真 5-13　右　　「骨付き羊肉のゆで煮」
　　　　　左上　「臓物の煮込み」
　　　　　左下　「羊の血液の腸詰」

写真 5-14　テーブルを囲む食卓

写真 5-15　生野菜と自家製みそ
みそは大豆と塩で作られる。

次に主な調理法をあげる（小長谷[9]を一部参考にした）。

●「奶茶」（材料：レンガ状の固形茶葉、水、牛乳、塩、）

① 鍋に水（1ℓ）とガーゼに包んだ茶葉（片手で握る程度の塊を削る）を加え、沸騰させる。
② ①に塩（好み量：1つまみ）と牛乳（100g）を加え入れ、玉じゃくしですくい上げる操作を繰り返す（20分程度火にかける）。茶葉を取り出し、ポットに注ぎ入れる。
※ 玉じゃくしですくい上げることにより、酸化（空気に触れる）してより鮮やかな紅茶色になる

プレス状の茶葉

● 「奶豆腐」（材料：牛乳）

① 牛の乳を搾り、自然に数日間乳酸発酵させ固形分と液体分（ホエー）に分離させる（写真A）。

② 固形分を加熱しながら餅のような粘りがでるまで練り上げ、出てきた液体分は取り除く（写真B）。

③ ②を長方形の木枠に入れ、形を整え固める（写真C）。

④ 固まれば天日で乾燥させ、室内に吊して保存する（写真D）。

※ 熟成を必要としないので短時間で作れる。

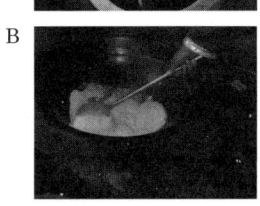

● 「炒米（黄色い米）」（材料：生のモンゴル・アム＜粳キビの一種＞）

① 鍋に生のモンゴル・アムを入れ、少量の水をふりかけ、加熱する（ゆでるのではなく、蒸して柔らかくする）。

② 別の鍋に砂（モンゴル・アムより細かい砂）を入れ、鍋と砂が赤くなるまで熱し、①を入れて炒る。

③ ②をふるいにかけて、砂とモンゴル・アムを分ける。

④ 炒ったモンゴル・アムを臼で脱穀する。

● 「骨付き羊肉のゆで煮」(材料：骨付き羊肉（内臓以外）、塩、水)

① 骨付き羊肉、水、塩を加え、水からゆではじめ、強火で30分以上煮込む。少し赤身が残るくらいがよい。
※ 味つけは塩のみ、香辛料を使わない肉料理である。

● 「血液の腸詰め煮」(材料：羊の血液、羊の脂肪分、小麦粉、塩、水)

① 鍋に羊の脂肪分を入れ熱し一度溶かす。再び冷まし固め細かく刻む。
② ボウルに①、羊の血液、小麦粉、塩を加え、混ぜあわせる。
③ 羊の小腸に②を詰め、腸の両端を糸でしばる。
④ 鍋にたっぷりの水と③を入れ煮る。固まったら爪楊枝で数か所穴を開け煮込む。冷めたら、油で揚げる。

● 「臓物の煮込み」(材料：羊の臓物、ねぎ、にんにく、塩、水)

① 大鍋に水、羊の臓物、ねぎ、にんにく、塩を入れ煮込む。
※ 香草は、ねぎの他にパクチー、セロリ、ニラなどを使う。

● 「肉粥」（骨付き羊肉のゆで煮の煮汁、米、塩）

① 鍋に骨付き羊肉のゆで煮の煮汁、米、塩を入れ煮込んで粥を作る。

※ 肉のエキスたっぷりの粥である。

4. 伝統的な食事の挨拶（歓迎の儀礼）

　食卓に食事が出されてから歓迎の儀礼が始まる。蒙古袍(もうこばお)（内モンゴルの民族衣装）を着た少女が澄んだ高い声で歌いながら、ハダ（潔白な心を表す白い薄絹で、賓客に贈るもの）を首にかける。そして、銀碗には酒（西瑪泰(しまたい)）がそそがれる。銀碗の酒に薬指を軽くふれ、付いた酒を上に（天の神様に供える）、下に（大地に平和を望み供える）捧げ、最後に自分の額に（自分を始めとしてすべてが順調であるよう祈る）付ける。少女達は一人ひとりに歌詞を変えて歌い、酒が振る舞われるという挨拶である（写真 5-16）。

　歌われた歌詞には、「両親へ」、「父への思い出」、「草原はどこですか」などたくさんの詞がある。その中から我々が視察し、感動した遊牧民の生活を物語る詞、「両親へ」を表 5-1 に記す。

写真 5-16　歓迎の儀礼
歓迎の歌を歌う少女

表5-1　遊牧民の生活を物語る詞「両親へ」

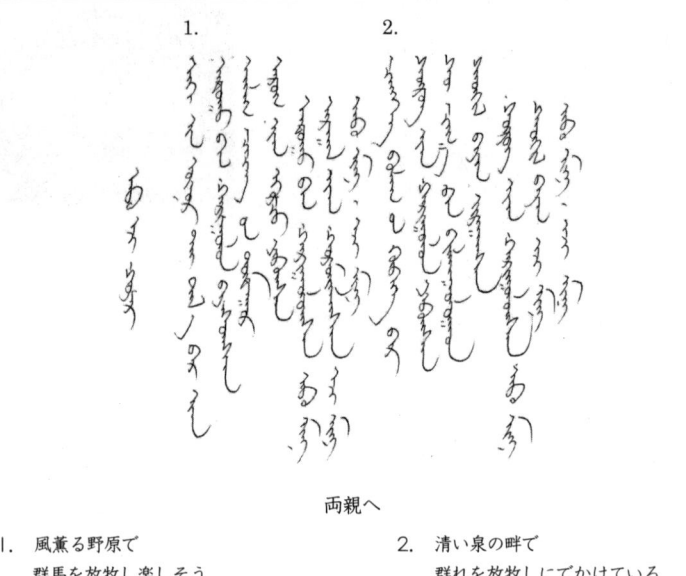

両親へ

1. 風薫る野原で
   群馬を放牧し楽しそう
   色とりどりの花の中
   籠を背負って出かけている
   群馬を放牧しているお父さん
   牛糞を拾い集めているお母さん
   お父さん　お母さん

2. 清い泉の畔で
   群れを放牧しにでかけている
   バケツは牛乳で溢れそう
   心が豊かで幸せな
   群れを放牧しているお父さん
   心が豊かなお母さん
   お父さん　お母さん

訳：永美さん（食物栄養専攻留学生）

おわりに

　内モンゴルの草原の牧民は中国政府の政策によって定住し、草原の使用権が与えられ、その範囲で放牧を行っていた。このように狭い草原では移動に適したパオに住む必要はなく、レンガの家に住むのが一般化してきて、夕方には放牧から羊が帰ってくるという生活に変わってきていた。

　視察パオは草原に定住しており、居間にはテレビ、ビデオが置かれていた。炊事家屋には大型冷凍庫があり、羊肉、豚肉などが冷凍保存され、釜戸で料理

され、燃料用には固めて乾燥させた牛糞をよく燃えるので利用していた。

　モンゴル料理は「白いご馳走」と「赤いご馳走」があるといわれるように、白いご馳走は朝食で食べられる乳製品のことである。赤いご馳走は家畜の肉のことで、最高のご馳走といわれる。これに加えて穀物も食べられている。調理操作は「ゆでる」または「煮る」のシンプルな方法であり、味付けは塩味がほとんどで香辛料が使われていない。出された食材は自産自消が根付いており、その全てを余すことなく利用していることなどが把握できた。

　以上のことから、先祖から伝わってきた放牧生活の伝統的な食事を変えることなく食べていることは、モンゴルの食文化の原点を知ることができたと思う。

　この地区のパオでの食事内容は、レンガ造り世帯と相違なかったことから、数年後にはパオの住居形態も変わっていくであろう。そして、労働環境も牧民あるいは農牧民へと変容することが推察できた。モンゴル族の食文化は永遠に保持し続けてほしいと願う。

謝辞

　今回の視察研究にあたり、佐治学長、李先生、永美さん（留学生）、永美さんのご両親ならびに村民の皆様の温かいご支持とご協力に深く感謝申し上げます。

参考文献

1) 皆冬梅・他、『内蒙古自治区地図册』、中国地図出版社、(2006)
2) 費孝通、『大地と民中国少民族の生活と文化』、海外文化振興協会、(1991)
3) 中国医学科学院衛生研究所、『中国食品成分表』、人民衛生出版社、(1982)
4) 香川芳子、『五訂増補食品成分表2006』、女子栄養大学出版部、(2005)
5) 三浦理代、『からだによく効く食べもの事典』、池田書店、(1998)
6) 大野佳美・他、「中国内モンゴル自治区モンゴル族の食品摂取頻度と健康認識との関連」、『食生活研究』vol.26, No.2、(2006)、pp.29-37
7) 石井智美、「モンゴル遊牧民の季節による脂質代謝と血中微量成分の変化と食」、第59回日本栄養・食糧学会講演要旨集、(2005)
8) 小長谷有紀、「モングル国のフォーク内モンゴルの箸」、『vesta』、No.60、(2005)、pp.40-41
9) 小長谷有紀、『世界の食文化③モンゴル』、農山漁村文化協会、(2005)

お弁当箱選びと栄養バランスのとり方のコツ　　　福永　峰子

　現在、市販されているお弁当箱はバラエティに富んでいて、形は楕円形や長方形のものから、二段重ねや三段重ねなど豪華なもの、材質はプラスチック製のものから、ドカ弁と呼ばれていた昔ながらのアルミ製のもの、色やデザインはパステルカラーから人気のキャラクター入りのものまで多種多様で、選ぶのに迷ってしまいます。しかし、大切なことは、自分の必要量に見合ったお弁当箱を選ぶことです。特に若い女性はダイエット志向から、小さめのお弁当箱を選ぶ傾向があり注意が必要です。一般的に、お弁当箱の容量はエネルギー量と等しいといわれていますので、選び方のコツとしては、まず容量をチェックするとよいでしょう。

　また、栄養バランスのとり方は、「お弁当の黄金比」ともいわれている主食3：主菜1：副菜2の割合で料理を詰めると理想的なお弁当に仕上がります。

主菜 1	主食 3
副菜 2	

見直しましょう！食生活　　　川村　亜由美

　健康にはバランスのとれた食事が基本です。偏った食事は生活習慣病を引き起こす原因となります。皆さんの食生活のバランスはどうですか。そこで、簡単に食生活をチェックできる「食事バランスガイド」をお勧めします。これは1日の食事の目安量を料理別に主食・副菜・主菜・牛乳乳製品・果物に区分しコマのイラストで示したもので、平成17年6月に厚生労働省と農林水産省によって策定されました。コマ本体を料理区分別に食べた分だけ塗りつぶし、完成した形からバランスの良し悪しを判定します。もし歪な形ならば何を補いあるいは減らせばよいのか、改善策がひと目でわかります。今日の食事は未来の健康につながる大切なもの。バランスのとれたコマで健康な体づくりをしませんか。

厚生労働省・農林水産省決定

第6章　　　　保育の比較研究

横井　一之（第1節）、堀　建治（第2節）、本山　ひふみ（第3・4節）

1. 中国の保育

　中国の幼児園は「社会（共産）主義の国で、アメリカの自由で民主的な教育思想を実践にうつし、直接体験を重視した保育を推進してきた点、私は以前から高く評価しています。（中略）……9月に入園してきた子どもたち（3歳児クラスをみましたが）、家では、ひとりっ子で甘やかされていたのが、一週間程の集団保育で、泣いたり、うろうろする子どもも見かけず、とても楽しそうに遊んでいた状況は、この園の楽しい集団保育のあらわれで、ひとりっ子対策にも、幼児からの楽しい集団生活が必要ということになります」[1]といわれている。
　筆者は中国の幼児園を訪問し、保育内容の質の高さ、全託制という寄宿制幼稚園の制度に驚かされた。以下に江蘇省南京市東方開心幼児園、広東省広州市立東方紅幼児園の様子について報告する。

（1）東方開心幼児園
　中国の幼稚園は幼児園といい対象は3～6歳までの幼児で、政府教育部門が主管する。また、日本の保育所にあたるのが託児所で、0～3歳までの幼児が対象で、政府衛生部門が主管する。
　東方開心幼児園は、当初は企業が設立した幼児園でその労働者の子弟を保育するのが目的だったという。現在は、親企業から離れ、単独で幼児園を運営している。

この幼児園を見学させていただくことになったのは、次のような経緯による。筆者の中学時代の友人が南京市内の工場で働いており、その同僚の子どもさんがこの幼児園に通っている。そのお父さんを通してお願いしたところ、園長先生から見学の許可がいただけたという訳である。

a.　訪問日時　2005（平成17）年3月4日（金）8時00分〜9時35分
b.　幼児園の概要

　大班（5歳児）3クラス、中班（4歳児）4クラス、小班（3歳児）4クラス、他に保育クラス（2歳以下）が2クラスある。全幼児は366名である。

　日本ではかなり大きな園だが中国では普通である。

c.　見学内容及び日程

　8：00　園長先生、副園長先生へあいさつ
　8：05　施設見学

　　　　　保育室：机、棚（ペットボトル＝お店屋さん商品）、ピアノテレビ、ままごとコーナー、絵本棚、昼寝用ベッド、トイレ、絵画展示（虫）、吊り飾り、写真撮影用貼りぼて、掲示、写真、喫茶店コーナー

　　　　　壁面（タイル画、装飾、消防管理図）

　　　　　戸外遊び（ござキャタピラ、遊具跳び島、ペットボトルのキャッチボール）

　　　　　託児部（保育部）：ブロック遊び

　　　　　固定遊具：砂場、コンクリート滑り台、総合遊具、遊動円木、輪くぐり、UFO型総合遊具、ブランコ、平均台、ロープのジャングルジム、滑り台、パンダ置物

　　　　　給食室：食材の裁断、調理、洗濯機（タオル等洗濯）、冷蔵庫

　9：05　保育見学　大班（5歳児年長クラス）

　　　　　高さ比べ：テレビと（ピアノの上の）ラジカセはどちらが高いか。
　　　　　　　　　　ピアノとクーラーはどっちが高いか。
　　　　　　　　　　〜さんと〇さんはどちらが背が高いか。
　　　　　　　　　　みんなで背の高さを比べる。

9：30　情報交換（住所の確認、e-mail アドレスの確認等）

（2）　東方紅幼児園

この幼児園は全託すなわち寄宿制幼児園である。寄宿制幼児園は月曜日の朝登園し、月曜日〜木曜日は幼児園で寄宿生活をし、金曜日の夕方に降園する。訪問日が月曜日なので、朝の起床時より見学することはできなかったが、朝礼時から就寝時まで長時間にわたり見学させていただいた。

a.　訪問日時　2006（平成18）年2月20日（月）8時20分〜20時00分
b.　幼児園の概要

大・中・小班各3クラスずつあり、園児は各35名で、全園児320名である。

職員は園長1名、副園長2名、幼稚園医師2名、他に教員、助手、清掃員、調理員がいる。1つのクラスには主任教員1名、教員2名、保育員（助手）（午前、午後、夜間各担当）3名、清掃員1名が配置されている。筆者は中班3組（年中4歳児第3組）を中心に見学させていただいた。

この幼児園へ実際に子どもが通った方によると[2]その日課は次のようである。

表6-1　東方紅幼児園の日課

時間	活動
6：30	起床
7：30	朝食
8：00 − 11：00	自由活動①、集中教育、ゾーン活動②、ゲーム③など
11：00 − 12：00	昼食
12：00 − 14：30	午睡
15：00	おやつ
15：00 − 16：00	美術、スポーツ④
16：00 − 17：00	シャワー浴⑤
17：00 − 18：00	夕食
18：00 − 19：30	夜の活動−誕生会、物語⑥、テレビ、遊戯など
19：30 − 20：00	スナック
20：30	歯を磨いて就寝⑦

c. 見学内容及び日程

　季節により日課に若干の変更はあるものの、概ね表6-1のような日課に沿って見学させていただいた。特に特徴ある保育として表6-1の中の①～⑦について以下に記述したい。時間帯は筆者の見学時のものでそのずれはお許し願いたい。

8：25　朝礼①
　　　　音楽に合わせて大班5歳児クラスより順に広場へ入場
　　　　　　大班と中班の子どもは深紅の制服に身を包んでいる。小班3歳児クラスの子どもは、どこの人だろうと筆者をあどけなく眺める。子どもの当番による国旗掲揚に続き、朝礼が始まった。園長先生より筆者が紹介される。子どもより「中国語を勉強しにこの幼児園に来たの？」という質問があった。

8：50　ゾーン活動②
　　　　　　園舎増築工事中ということもあり、園庭が狭くなっており、パートタイムで使用しなければならない。あるクラスは戸外遊び、他のクラスは保育室でゾーン活動（日本ではコーナー制とか自由活動）を行う。以下、複数の保育室で見学した様子を列記する。
　　　　（ア）折り紙、（イ）おもちゃ（小さい自動車）、（ウ）数合わせ、（エ）型合わせ（ペグボード）、（オ）数合わせ、（カ）自由画（クレヨン）、（キ）軍手の飾り、（ク）科学区（石、貝殻、方位磁針）、（ケ）劇遊び、（コ）人形並べ、（サ）絵並べ、（シ）回転式絵合わせ、（ス）形集め、（セ）線引き（クレヨン）、（ソ）数字合わせ、（タ）紙の型はめ、（チ）紙芝居ごっこ、（ツ）葉っぱの数合わせ、（テ）紙のれん作り、（ト）描画（サインペン）、（ナ）切り絵、（ニ）仲間集め、（ヌ）読書など

8：50　ゲーム③（中班3組：年中4歳児クラス第3組）
　　　　　　子どもが3人1組になって座る。音楽に合わせて教師に呼びかけられたグループは「ワン、ワン」と鳴き声を全員で言う。

10：00　スポーツ④（地面は土ではなく、全天候型地面）
　　　　　コッポンに乗り決められたコースを歩く。
　　　　　決められたコースを三輪車に乗る。

リスと木こりゲーム
（小班）地面に積木を置き、パラバルーンが上に上がっている間に積木を取りにいくゲーム

16：00 シャワー浴⑤

　　広州市ではというより南京市でも同じであるが、暖房設備がないので室内でもコート等を着用している。日本で言えばウォームビズである。

　　広州市は香港と同じく亜熱帯に位置するが、さすがに冬は寒い。日本のように風呂に入る習慣はなく、シャワー浴である。このときどのように暖かさを維持するのかをずっと疑問に思っていた。見学をしてそれは解決した。シャワー室兼手洗い場に熱線ランプが装備されている。筆者は大班5歳児クラスで見学させていただいたが、ランプが4灯点けられると服を来たままの者には暑すぎるほど、十分に暖かい。シャワーの水は湯気が上がるほど高くなく人肌である。14：30に午睡が終わり、その後戸外で汗をかくこともあるが、このシャワー浴で汗は流れ落ちる。そして、夕食を食べ、後はあまり汗をかかない静かな活動を行う。

18：00 物語⑥

　　夕食後、小班年少3歳児クラスでは、スクリーンに映像を映して幸せな家族の話を聞いていた。

19：30 歯を磨いて就寝⑦

　　大班年長5歳児クラスの様子を見学させていただいた。始めに就寝前のスナックつまりおやつだが、牛乳をいただいた。そして、教師に歯ブラシへ歯みがき粉を付けてもらい歯磨きをする。

写真 6-1　就寝前に牛乳を飲む

その後、洗濯済みの自分の下着とパジャマを保育員より受け取り折りたたむ。パジャマへはベッドの並ぶ寝室へ移動してから着替える。ちなみに、広州市には蚊がいるので、ベッドの上の空間にテントのような蚊帳が設置されている。すべてのベッドについて設置されている。これは、南京の同じ全託幼児園では見られない光景である。寝室の冷房装置つまり暑さ緩和装置は、天井に設置された扇風機のみである。

（3）考察

　南京鼓楼幼児園の創設者、陳鶴琴先生はアメリカのコロンビア大学でデューイに師事し、教育学、心理学を学び、帰国後1925年正式に同園を発足させた。南京市内で鼓楼幼児園のような保育をしている園が4分の1ぐらいあるという。東方開心幼児園を訪問したとき、筆者は日本の幼稚園とさほど違和感を感じなかった。違うところは、季節柄やや厚着であることと、給食室の調理器が中華鍋様で少し形態が違うことぐらいだろうか。もちろん、使用言語は中国語である。おそらく、東方開心幼児園も鼓楼幼児園となんらかの関わりがあるのだろう。

　さて、我が国では保育園での保育時間の前傾化や延長は普通のことである。保育園の保育時間は11時間を標準とするという記述もある。朝7時に登園し、夕方6時に降園する。一方、スクールバスで3時～4時に降園する幼稚園や保育園もある。降園後俗にいう子どもたちのアフタースクールはいかがなものか。

　小学生でテレビを1日3時間以上見るものが24％いる[3]。幼児にそのままこの傾向が当てはまるかどうかはわからないが、子どもの目への悪影響も含め、帰宅後のテレビ、テレビゲームから幼児を守りたいものである。東方紅幼児園の幼児と日本の幼児を比較すると、午後4時、5時台の時間の過ごし方が大きく異なると思われる。保育内容論的には、東方紅幼児園では主活動を展開する機会が1日に3回あると考えられる。午前1回、午後1回、夕方1回である。さらに、東方紅幼児園の保育内容は高い質を保ちつつ、そのバランスもよい。

中国幼児園工作規程（1990）によると、第5条に幼児園の目的が書かれており、体：幼児の身体の発育、智：幼児の感覚器官……、徳：幼児に対し郷土愛……、美：美的感情並び美的表現等の4つの面のバランスが大切だと言われている。身体と頭脳のトレーニング両面を取り入れ、音楽や美的な感性の伸長をはかり、そして教師や他の大人との信頼関係を大切にして道徳性も培われている。このように東方紅幼児園は高い質の上に、さらに時間的にも量的にも十分な保育内容が実施されているといえる。

2. オーストラリアの保育

オーストラリア（以下「豪州」と略称）は私たちにとっては身近になった国のひとつである。片道約8時間、日本との時差も地域によっては1～2時間である国が注目されるようになった。その証左として、過去10年の新婚旅行先のトップ3として位置づけられるだけでなく、治安の良さから日本からの留学先、あるいはホームステイ先の人気国の一角を占めている。

本節では豪州のクイーンズランド州における保育事情について紹介するとともに、豪州と日本との保育のあり方を比較、考察する。クイーンズランド州についてはかつて筆者も保育研修で訪れた地域であるだけでなく、将来、本学で実施予定の海外研修先の候補地のひとつとして検討されているため、本稿で取り上げる事由ともなったことを付しておく。

（1）豪州における保育制度の概略

近年、豪州においては共働き世帯が軒並み上昇してきている。そのため連邦政府及び州政府は就労家庭を支援するため、子育て支援にかかわる多角的な保育サービスの提供と就労家庭への資金援助を行っている。以下では、先に挙げた2点についての概略を述べる。

1）保育サービスの種類

豪州の保育サービスは州によって若干異なるものの、およそ以下の6つの

サービスが就学前児童に対して提供されている。豪州のそれは日本のものと比較して、幼稚園、保育所、そして放課後児童支援など広範囲に包括されているのが特長である。

① ロング・デイ・ケア・センター（Long Day Care Centre）

日本で言うところの「保育所」であり、州政府から認可された施設である。保育時間は一日子どもを預かる場合と一時預かりの2種類ある。開設時間は午前6時から午後7時であり、月曜日から金曜日の週5日となっている。年間開設週数はおよそ48週から52週である。クラス編成は園によって異なるが、日本と同様、大概が年齢によって区分されている。費用は家族構成、仕事の有無によって異なる。また州からは保護者に対して補助金が支払われる。ロング・デイ・ケア・センターの詳細は別で述べる。

② ファミリー・デイ・ケア（Family Day Care）

州によって認可された保育者自身の家庭において保育がなされる形態である。州によって多少の差異はあるものの、コーディネート・ユニットと呼ばれる調整機関を通して、利用者への斡旋、指導がなされる。本サービスは豪州では伝統的な保育サービスとなっているが、日本においても「保育ママ」として近年、豪州のシステムに近い保育形態ができた。

③ キンダーガーデン（Kindergartens）

日本で言うところの「幼稚園」に相当する施設である。一般に地域を基盤として運営されている。3歳から小学校就学時までの子どもが対象である。料金は一日およそ6豪ドル～10豪ドルである。

④ プレスクール（Preschool）

4歳から5歳までの幼児が対象であり、主として教育的活動が提供される。小学校の前段階として位置づけられているため、学期制を採っている。またロング・デイ・ケア・センターにおいてもプレスクール型のプログラムを導入しているところもある。費用は公立小学校附属のプレスクールと私立のプレスクールとは異なっている。

⑤　アウトサイド・スクール・アワー・ケア・サービス（Outside School Hours Care Service）

　日本の保育サービスで言うところの放課後保育、つまり「学童保育」である。しかし、日本のそれとは異なり、主に以下の3種類のサービスが提供されている。

（a）授業前保育…午前7時ごろから学校が始業するまで
（b）放課後保育…学校の終礼後、午後3時ごろから午後6時ごろまで
（c）学校休業中保育…学校が休業中に随時行われる保育

　(b)、(c)は日本の「学童保育」でも行われているものであるが、(a)は日本では見られないサービスである。これは、当地では仕事の始業時刻が一様に早いことに起因している。そのためロング・デイ・ケア・センターも開所時刻が午前6時ということからも理解できる。

⑥　リミテッド・アワー・アンド・オケージョナル・ケア（Limited Hours and Occasional Care）

　臨時保育を意味するが、日本でいうところの一時預かり保育である。対象となる子どもは通院、買い物、自己学習、休養など保護者の個人的な理由により、子どもを数時間預かるというサービスである。

2）補助金

　補助金は就労家庭の親が、様々な保育サービスを利用しやすくするためのものである。日本でも収入に応じて「児童手当」が子育て家庭に支給されるが、当地の補助も日本と同様に家庭の収入に応じてなされる。補助額は最大約70％になる。

（2）"ロング・デイ・ケア・センター"での生活

　前述のとおり、豪州における保育サービスは多岐に亘っている。ここでは筆者が訪問したクイーンズランド州ゴールドコーストに設置されているロング・デイ・ケア・センター（以下「デイ」と略称）である"Aussie Kids Mermaid Waters"の事例を中心に、「デイ」での生活を紹介する。

1) 1日の流れ

「デイ」における1日の流れは以下のとおりである。

表6-2 「デイ」における1日の流れ

時　　間	プログラム内容
07：00	開園
08：30	自由遊び（室内遊びや外遊びなど）
10：00	モーニング・ティー（おやつ）
10：30	設定保育
12：00	昼食
13：00	午睡
14：30	設定保育もしくは自由遊び
15：00	外遊び
16：00	アフタヌーン・ティー（おやつ）
18：00	閉園

① 登園時間

前述のとおり、オーストラリア人の朝は就労時間の関係上、一様に早い。そのため、豪州の園では7時開始は当たり前となっている。ここで紹介する「デイ」も例外ではない。各家庭から「デイ」へやってきた子どもたちは遊ぶ者、睡眠をとる者など自由な活動をする。「デイ」では朝食サービスは提供されていないため、「デイ」へ登園後、各家庭から持参した朝食を摂る子どもも少なくない。

② 保育内容

保育内容は表で示したとおり、日本で言うところの自由遊びや設定保育まで、様々なものが提供されている。自由遊びでは粘土遊び、お店屋さんごっこ、外遊びといった室内・外問わず、活発に行われている。設定保育では制作活動、歌など保育者が主体となって行われるが、子どもの興味、関心に沿った活動が中心となる。また曜日によっては外部講師を招いて、絵画や運動に特化したPST（Performing Skills Program）と呼ばれる情操教育が行われている。

写真6-2　自由遊び（砂場）

③　おやつ（「モーニング・ティー」、「アフタヌーン・ティー」）

おやつの時間は1日2回（午前、午後）、「デイ」から子どもたちに供される時間が設けられている。午前のおやつを「モーニング・ティー」、午後のそれを「アフタヌーン・ティー」と呼んでいる。おやつの内容はクッキー、ビスケットの菓子類、果物を家庭から持参した飲み物と一緒に摂る、ホットドッグなどである。日本の保育所で与えられる量より多めであり、おやつというより軽食に近いのが特長である。

④　昼食

昼食は主に家庭から持参した弁当（ランチボックス）を食するのが一般的である。何らかの事情で昼食が用意できなければ、「デイ」で給食を頼むこともできる。給食はサンドイッチなどの軽食となっている。モーニング・ティーからあまり時間が経たないうちに昼食となるため、軽めの印象が強い。

⑤　午睡

昼食後、子どもたちは自分たちが活動する保育室内にひとり用の午睡専用マットを敷き、午睡する。午睡は日本では乳児クラス、あるいは夏季期間に限定されているが、豪州では年齢の区別なく行われている。なお、午睡をしたくない子どもも保育者によって半ば強制的に寝かされる。

⑥　降園

　降園時間は一般的に午後6時であるが、筆者が訪れた「デイ」では場合によっては午後7まで預かるシステムとなっている。豪州は厳格な契約社会であるため、保護者のお迎えの時間は極めて厳格であり、日本のようなアバウトさは見られない。

⑦　その他

　「デイ」の生活では遠足などの行事もある。遠足では保護者をボランティアとして参加を依頼するなど、ユニークな点も見られる。その他、「デイ」で散髪サービス（有料）が受けられる、あるいはクリーニングの取次ぎ窓口をしているなど、日本では見られない面白いサービスがあるのは特筆に値する。

2）　クラス編成

　クラス編成については、①ベイビー（Baby）：生後6週から18か月（1歳6か月）の乳児を対象とするクラス、②トドラー（Toddler）：18か月（1歳6か月）から2歳までの幼児を対象とするクラス、③ジュニア・キンディー（Junior kindy）：2歳から3歳までの幼児を対象とするクラス、④シニア・キンディー（Senior kindy）：3歳から4歳までの幼児を対象とするクラス、⑤プレスクール（Preschool）：4歳から5歳までの幼児を対象とするクラスの5クラスであり、いずれも年齢によって区分がなされている。

　保育者と子どもの割合は、クイーンズランド州の基準によると保育者ひとり当たりの子ども数は1歳未満児4人、1歳児5人、2歳児6人、3歳以上は12人となっている。ここでの紹介した「デイ」以外でも、基準よりも多く保育者を配置しているのが一般的である。

3）　スタッフ

　「デイ」で勤務するスタッフは州政府のガイドラインによって有資格者を置くことが定められている。大規模園での園長クラス（ディレクター）は最低3年間、大学にて幼児教育を専攻した者、もしくは同等の資格を有することが求められている。またクラス内でのリーダー格のスタッフには幼児教育に関する専門的な訓練を2年間受けた者でなければならないと定められている。本稿で紹介した「デイ」では、園長が大学院相当、グループリーダーは学部相当の有

資格者が担当している。

（3） まとめにかえて—豪州の保育から日本が学ぶこと

　豪州における保育事情から日本は学ぶべきことは多い。現地での保育活動を観察すると、豪州での保育は常に子どもが中心にいることに気がつく。たとえば、子どもたちの遊びへの選択肢が数多く用意されており、日本でいうところのコーナー保育の充実も目立つ。子どもが大工道具を使いたいと考えれば、大工道具を使うことができるなど、とにかく子どもがしたいことを直接、援助する様子が認められるのである。加えて、子どもの意見に耳を傾け、子どもの意見を尊重する場面も見られる。子どもが作品を作ったときなど、子どもをクラスの全員の前に立たせ発表させる、あるいはその発表に対する意見を述べるなどの自己表現力を鍛える場面も多く設定されている。

　もちろんこれらは「個人を重んじる」という豪州の国柄によるのだが、半面、徹底的に集団生活でのルールを教え込むというのも豪州の特徴ともいえる。前述での午睡場面、あるいはしてはいけないことをしたとき、大人である保育者の子どもに対する叱り方が半端ではなく、しつけの面での厳しさが指摘される。日本では保育者自体が叱らない、あるいは叱ることを避ける傾向にあるが、その場その場で叱る、きちんとしつけをする豪州の姿勢をわたしたちは見習うべきではなかろうか。

　ところで豪州では保育の質向上をめざして連邦政府がチェックシステムとして1993年から導入されている。連邦政府認定機関であるNCAC（National Childcare Accreditation Council）がチェック項目を定め、細かな内容を審査している。日本でも近年、いわゆる「第三者評価」として、豪州のようなシステムが取り入れられつつあるが、保育の質向上のためにも必要不可欠なシステムである。さらなる質向上のためにも、豪州での第三者評価の方向性の検討が待たれるところである。

　豪州の見習うべき側面を光にたとえるならば、見習わなくともよい、影の部分も存在する。今回、あえて影の部分を取り上げなかったが、次節でも指摘するとおり、日本の保育レベルも世界中でも随一である。他国のよい部分を吸収

し、よりよい保育を展開すること、そしてきめの細かい保育施策、保育サービスの実行と充実を期待して本節のむすびとする。

3. わが国の保育の現状

(1) 保育のふたつの流れ

日本の保育は、大きくふたつの流れから成り立っている。

ひとつは、1876(明治9)年、文部省によって開設された「東京女子師範学校附属幼稚園」から始まる、フレーベルの恩物を用いた幼稚園の流れである。その後、キリスト教主義に基づく私立幼稚園の設立による幼稚園の普及、倉橋惣三によるフレーベルの保育理念の理解と実践（子どもの自発的な生活経験の重視）などにより幼稚園教育の基盤が築かれてきた。幼稚園教育の対象は、恵まれた家庭の幼児から、次第に一般家庭の幼児へと広がっていったのである。

もうひとつは、明治時代から始まる学業や就労のための託児施設の流れである。子守りのため学校に来ても授業を受けづらい状況の児童のために、交替で乳幼児を保育する部屋を設けたり、就労婦人のための託児や農繁期だけの託児の場が開設されたりした。大正時代に入って重工業が盛んになると両親共が工場労働に従事しなければならない家庭の子どものために、公立の託児所が次々に設置された。さらに、第二次世界大戦後は、戦災孤児をはじめとした子どもの問題が窮状化し、日本の将来を担う子どもの福祉を願って児童福祉法が制定された。その中で、保育所は救貧的役割を果たす期待をもって児童福祉施設の一つに位置づけられた。保育所保育の対象となるのは主に貧困層であった。

こういったふたつの流れを引き継いで、現在でも幼稚園教育は文部科学省に、保育所保育は厚生労働省に主管がおかれている。しかし、現代の社会では「国民皆中流意識」と言われるように、国民全体の生活水準は上がってきており、乳幼児期に幼稚園や保育所に通うことが特別のことではなくなってきている。また、「幼稚園」や「保育所」という名称の他に、保育園や幼児園という名称も数多く見られ、どこがどう違うのかが一般の人々には分からないほど、保

育の中身や役割が混然一体となっている。

（2） 幼稚園とは

　幼稚園の教育については、「学校教育法」に基づいて、10年ごとに改定される「幼稚園教育要領」がその中身を規定している。満3歳以上を対象として、1日の教育時間は4時間を標準とする。1学級の定員は35人で、1学級に1人の幼稚園教諭が配置される。「教育」を旨とするので、食事や睡眠などの生命維持を司る「養護」については規定がない。市町村立などの公立と私立があり、私立は学校法人が多い。保育料は園ごとに設定できるが、公立は私立の1/3程度である。

（3） 保育所とは

　保育所保育は、「保育所保育指針」に0歳から6歳までの発達過程区分に応じて保育内容が示されている。0歳児3人につき保育士1人、1・2歳児は6人につき保育士1人、3歳児は20人に1人、4歳児以上は30人に1人の配置となっている。保育所に入所できるのは従来「保育に欠ける」（日中世話をしてくれる人がいない）乳幼児であったので、両親の就労や介護を裏付ける書面が必要であった。が、近年では「保護者からの申し込みがあった」乳幼児も入所対象となり得るようになった。保育の中身は、本来的な役割である「養護」は全入所児を対象とし、3歳以上児には幼稚園教育と同様に5領域の側面からの「教育」もなされる。

　児童福祉法に基づいて設置される保育所は、国の一定の基準を超えた、つまり認可された保育所のことである。保育園、幼児園などの名称であっても認可されていれば法律上は「保育所」である。設置主体は市町村立以外、大半が社会福祉法人立であるが、保育料は市町村単位で決められており公私同一である。

（4） 認可外保育施設とは

　国の一定の基準を超えない、認可されていない保育施設のことを「無認可保

育所」と呼んでいたが、多様な保育需要に応えるため、わざと認可を受けない保育施設も出てきており、現在では「認可外保育施設」と呼ぶ場合が増えてきた。

認可外保育施設の形態は、実に多様であり、その存在は、1970年代に劣悪な保育環境のベビーホテルが社会問題になったことで、世間に知られるようになった。その後、悪質な施設に対しては立ち入り調査や指導監督も行われるようになった。もちろん、認可外であっても良心的な保育を行っている施設はたくさんある。企業が自社の従業員の便宜を図るために設置している「事業所内保育施設」や、保護者と保育者が一緒になって運営していく「共同保育所」などの歴史は古い。最近では、通勤便利な駅前に立地する「駅型保育所」や、宿泊を伴う「夜間保育所」なども増えている。

認可外保育施設を利用しているのは、本当は認可保育所に入所したいのだが定員を満たしていて入れない「待機児童」と、勤務時間等の都合で認可保育所では対応しきれない保育需要の親子がある。

また、顧客へのサービスのために、自動車教習所やゴルフ場やパチンコ店が一時預かり的な保育施設を保有しているケースも増加してきた。

（5）　未就園親子への支援

次世代育成の観点が打ち出されるようになって以来、幼稚園や保育所は、もはや保育料を払って入園している親子だけのものではなくなってきた。現状では、3歳児以上は9割が幼稚園か保育所に通っているが、それ以下の年齢では300万人が家庭にいると考えられ、その親子を支援の対象と考えていくことになる。

かつて「3歳までは家庭で母親の手で育てるのがよい」と流布されており、その結果、育児の全責任を背負わされた状態の母親が、育児不安や育児ノイローゼに陥る傾向も見られるようになった。もちろん、人間発達にとって3歳までが極めて重要な時期であることは確かだが、その担い手が母親1人であるとまでは言い切れない。むしろ、「母子カプセル」と呼ばれるような狭い人間関係の中で、社会性が阻害される恐れすらある。こういった背景には、戦後の

日本の高度経済成長を支えてきた男性の影で、家事・育児の一切を女性が引き受けざるを得ず、家庭生活の充実がないがしろにされてきた影響も否定できない。

核家族で生活することが当たり前の現代では、子育ての姿勢や知識・技術が世代間伝承できない。一方、幼稚園や保育所には、多くの乳幼児を見てきた保育のノウハウが集積している。それを、地域に住む入園していない親子にも有効活用しようという考え方が、打ち出されてきた。幼稚園教育要領では「地域の幼児教育センターとしての役割」が期待され、保育所保育指針では「地域における子育て支援」が課せられている。具体的には、同じような年齢の子どもを持つ親同士が集まる場を一定の日に開催し、親子での遊びを指導したり、子育ての悩みを聞き出したりする機会を作って、地域の子育て仲間が交流できるようにするものである。

また、「子育て支援センター」も、続々と開設され、いつでも相談できる、いつでも遊びに行ける、誰かに支えてもらえる安心感を提供する役割を果たしている。全国で3000弱のセンターの多くは、保育所に併設されている形である。

この他にも、小学校低学年児童までを含めた「延長保育」、突然の保育需要に応える未就園児の「一時保育」、病後回復期にあるがまだ経過観察が必要な乳幼児への「病後児保育」、保育の依頼会員と援助会員とを結びつける「ファミリーサポートセンター」なども拡充してきている。

こういった特別保育にかかわる様々な施策は、1994年の「エンゼルプラン」、1994年の「緊急保育対策等5ヵ年事業」、1999年の「新エンゼルプラン」、1998年の「特別保育事業の実施について」といった計画に基づくものだが、それらの数値目標は、2006年現在ほぼ達成されたといえる。

(6) 幼保一体化や一元化への取り組み

数々の行政改革の中、保育制度改革も二つの点について取り組まれてきた。ひとつは、公立保育所の民営化・民間委託である。自治体の財政負担を拡大せずに待機児童解消（受け入れ増員）を進めるためには、民営のほうが人件費を

はじめとしてコストダウンが可能である。あちこちで公立から民営に移行した例を聞くが、地方公務員法の下では行政の都合で一度に保育士を解雇できない。しかし2003年に制定された地方独立行政法人法により、公立保育所の設置主体を行政から独立行政法人に変更することが可能になった。それまで公務員だった職員の身分は法人の職員になる。公立園の切り離しが始まっている。

もうひとつは、保育所への企業参入である。2000年以降、企業が保育所を設置、運営できるようになったので、育児用品会社や教育産業による保育所設置も急速に進んできている。

このように、保育所を民営に移していこうとする施策と同時進行の形で「幼保一元化」が浮上してきた。前述のように、別々の歩みを持つ幼稚園と保育所であるが、同じ就学前の子どもを対象としているので一本化できないだろうかといった論議は、昭和の時代から何度も行われてきた。が、監督庁が別々であるためになかなか一元化は進展しなかった。ここへ来て浮上したのは、地方分権改革推進との絡みである。地方において幼保を一元的に実施することは合理的であり可能だが、国の制度的制約に阻まれるからである。すでに、幼稚園と保育所の施設を共有化する「幼保一体化」は各地で進められている。しかし、幼稚園教諭と保育士という二つの資格を一元化することや、幼稚園と保育所を制度として一元化することは先送りした状態にとどめて、新たな総合施設の検討に入った。

(7) 認定こども園の法制化

子育ての負担感は、経済的な面だけでなく、心理的にも、手がかかるといった実働面でも増大している。一方、加速する少子高齢化によって、女性労働力の必要性はさらに増している。つまり子育て期の女性も「預けるところがあるなら働きたい」と思っているのである。低年齢児からの保育需要は高まる一方であり、また、幼稚園よりも、世話をしてくれるという意味で「養護」の機能を持っている保育所を志向する傾向がはっきりしてきた。現実にこの10年間で幼稚園在園児は10万人減少している。幼稚園では、入園時期を、従来、満3歳になった後の学年始めからとしていたものを、満3歳になった日から入園

可能、と解釈を変更し始めた。すると学年途中から入園することになるので、先に述べた未就園児対象の「親子登園」と絡めて、実質的に2歳児の年度始めから保育を開始する幼稚園も現れた。

さらに、現行の幼稚園教育要領には「教育課程に係る教育時間の終了後に希望する者を対象に行う教育活動」いわゆる「預かり保育」が付記されている。短い保育時間を補うために、通常の学級での保育時間が終わってから、希望者だけを一部屋に集めて、別料金で、おおむね5時ごろまで保育する幼稚園が増えてきた。こういった動きを受けて「幼稚園は限りなく保育所に近づいていく」という表現も聞かれた。

そういった背景の中、新たな総合施設「認定こども園」が、文部科学省と厚生労働省による審議の末、2006（平成18）年10月に法制化された。「認定こども園」は、教育および保育を一体的に提供することと、地域における子育て支援を実施することが条件となっている。幼稚園を運営している学校法人や、保育所を運営している社会福祉法人が、移行しやすい制度である。0～2歳児には保育士資格を、3歳以上には教諭と保育士の資格を持った者が保育にあたることが望まれている。職員数の確保は、2歳児までは保育所基準、長時間利用の3歳児は20対1、短時間利用の3歳児は35対1と、二つの基準を使い分ける。保育所には必置の給食調理室は、3歳以上では給食の外部搬入を認めている。既存の幼稚園に養護機能を付加し、増大する低年齢児の保育需要に対応する形で、この制度は、申請、認定を経て2007（平成19）年4月から本格実施されることになる。

（8） まとめ

このように、わが国の保育の現状を見ていくと、保育需要の拡大、多様化に対応する受け皿をどうするかが、最重要課題となっていることがわかる。乳幼児をどこで保育するかに終始していて、どのように保育するかの問題が棚上げされた形となっている。給食調理室は、近年その重要性が認識されてきた食育の問題とも絡めて考えると、欠かせないものである。また、かつて幼稚園には入園していなかった2歳児が長時間過ごすとなれば、安心して昼寝できる場所

の確保も必要である。こういった「養護」の機能を確保あるいは向上させていくことは、乳幼児の発達にとって極めて重要である。確かに養護機能の充実は先決問題であるが、もうひとつの「教育」の機能もおろそかにはできない。遊びを通しての乳幼児の育ちのあり方、そのためにどんな指導内容であるべきかという議論に、現状では、かえって進みにくくなってしまった状況である。

一方で、青少年の様々な問題の背景には、乳幼児期の育ちが大きく影響していることなどは、広く社会に認められるようになってはきた。が、そこで取り沙汰される「幼児教育」は、はきちがえた「知育偏重」であったり、遊びを通して直接体験する中で学ぶ重要性を見失ったり、「しつけ」と称して自己発揮以前に自己抑制だけを要求されたりする場合もある。この節の文頭で述べた、子どもの自発的な生活経験を重視した保育を実現するためにも、「生きる力の基礎を育成する」幼児期の教育とはどういうことなのかを、今一度、考えていきたい。

4. 保育の比較研究を通しての今後の展望

中国、オーストラリアの保育と比較して、わが国の保育の現状を見ていくと、まずひとつには、就学前の乳幼児をどこでどのような形で保育するかにおいて、対応に苦心している実情が見えてくる。保育需要に見合った保育の場を提供するために、既存の幼稚園をどう改めていくかの方向性がようやく固まっては来たが、そこで新たに生じる問題を予測する必要もあるだろう。また、認可されている保育所については開設時間や利用状況の把握が可能であるが、認可外保育施設については、需要に応じて供給が行われるわけで、それがどのような形の保育なのか、一人の子どもから見た個別の利用状況がどの程度であるのか等をつかんだ上で、認可外保育施設のあり方も考えていかなければならない。

次に、保育施設は、利用する保護者にとってどういう存在であるのかが、十分議論されていない実情が浮き彫りになった。子育てをする保護者の生活はど

うあることが望ましいのか、そのために保護者にはどんな構えが必要なのか、つまり、預かってくれればそれでいいのか、保護者は単なる利用者、極端な言い方をすれば消費者なのか、保育施設での集団生活を通して保護者は何を得ることが大切なのか、といった議論も今後必要であろう。

さらに、乳幼児に対する保育の内容をどう充実させていけばいいのかを、いつまでも棚上げにはできないという問題点もある。これについては、「保育所の第三者評価」が始まってきているが、第三者が評価できるのはおそらく主に運営管理であって、子どもの育ちに通じる保育の中身の検討は困難だと思われる。形のない「保育」という営みに、第三者の視点で良し悪しをつけることが、養護や教育の質を本当に向上させることに繋げていけるのだろうか再考したい。

最後に、幼稚園にも保育所にも押し寄せてくる民営化の波で、失うものはないのかも考えなければならない。勤続年数の長い公立園の保育者は確かに人件費がかさむが、公立園の実践の普及が私立園の育成に役立ってきた面は否定できない。また、人を育てる組織において、段階的な経験年数の保育者の配置による経験知の伝承も欠くことはできない。人件費は安いほうが良いという経済の論理を保育に持ち込むことに伴う実質的な損失を見落としている恐れがある。

引用文献
1) 守屋光雄、海外保育福祉事情、近代文芸社、(1997)
2) 千葉由紀子、母娘で行った中国留学、海鳥社 (1995)
3) 日本子ども家庭総合研究所、日本子ども資料年間、KTC 中央出版、(2006)

参考文献
1) 藤野登志子、幼児教育の交際交流、新読書社、(2001)
2) 文部省・諸外国の学校教育（アジア・オセアニア・アフリカ編）、大蔵省印刷局、(1996)
3) 一見真理子・中国、PP82-96、諸外国における保育の現状と課題、世界文化社、(1997)
4) 志田民吉、「オーストラリアにおける児童福祉政策の概要」、『東北福祉大学社会福祉研究室報告』第 7 号、(1995)
5) 辻博之、「オーストラリアにおける児童保育」、『海外の行政政策 HP』

http://www2-v4.hi-ho.ne.jp/html_J/FORUM/GYOSEI/110/INDEX.htm）
6) 菱川広昭、「オーストラリアの保育事情」、『保育通信』、NO.542（2001）
7) 山本真美、「オーストラリアの保育制度」、『諸外国における保育の現状と課題』、日本保育学会、(1997)
8) Department of Families, Youth & Community Care at Queensland Government "Understanding Child Care Choosing Child Care" (1998)
9) Commonwealth Childcare Program "There's help with the cost of chil care" (1997)
10) Department of Families, Youth & Community Care at Queensland Government "Understanding Child Care Child Care Centres" (1998)
11) 岸井勇雄ら、『保育原理』、同文書院、(2003)
12) 民秋言ら、『改定保育内容総論』、萌文書林、(2000)
13) 文部省、『幼稚園教育要領解説』、フレーベル館、(1999)
14) 厚生省、『保育所保育指針』、フレーベル館、(1999)
15) 的場康子、「事業所内保育所の現状と課題」、『ライフデザインレポート 2005.3』、第一生命経済研究所
16) 中山徹ら、『幼保一元化』、自治体研究社、(2004)
17) 厚生労働省雇用均等・児童家庭局保育課、『保育の現状と課題』、平成18年度全国保育士養成セミナー講演資料、(2006)
18) 中山徹ら、『保育所の第三者評価』、自治体研究社、(2003)

研究の泉　　　　　　　　　　　　　　　　　　　永石　喜代子

　越前市ってご存知ですか。私の故郷です。田舎ですが癒されてほっとする場所です。冬は雪が深くて暗くて、若い頃はとても嫌でした。冬はいつもコートに身を包み、吹雪の中を延々と歩く辛さから解放されたいと思っていました。でも、冬の越前海岸を走ると日本海の荒々しさと、越前海岸に咲く「水仙」が可憐に迎えてくれます。冬の厳しさがあればこそ、1メートル以上の積雪下で「猫柳」が芽を吹き銀色に輝くのを見つけたときの感動や、カタクリの花が野山に咲き、雪解けの水の音に喜びを感じます。さて、研究には何事にも丁寧に物事を見極める「観察力」小さなデーターでも積み重ねる「忍耐力」と「感性」が必要です。特に「感性」はその人柄が研究にも表れるように思います。私の研究の泉は優しく厳しい故郷であり、金子兜太の俳句です。理想を持ち現実を歩もうとする生の人間の姿を詠む私の応援句です。
　　　原爆許すまじ蟹かつかつと瓦礫をあゆむ　金子兜太

三種類の保育教育　　　　　　　　　　　　　　本山　ひふみ

　私は、公立幼稚園での15年間の教育実践の後、短大での保育者養成の仕事に移りました。保育者を目指す学生に、職業教育をすることが私の主な仕事です。そのためには、授業の進め方はどうあればよいか、どのような教材をどう活用すべきか、ということを教育の対象である学生に応じて、工夫すべきだと考えて、日々の授業に臨んでいます。
　保育者として職業に就いてからも、研鑽を積むには研修の機会が必要ですが、現職保育者を対象としたもう一種類の、より専門的な保育教育にも、力を注いでいます。
　さらに、職業的な保育者にはならない一般の人々の保育教育も重要です。一般の人々の在学中の保育教育の場は、具体的には、中学や高校の家庭科の授業を通して行われる保育領域です。その授業を担う家庭科教員養成にも関わっています。私はこういった様々な機会に携わって保育教育のあり方を探っています。

学校保健教育のちから　　　　　　　　　　　　　大野　泰子

　学校保健教育は、人生をいかに健康に生きることができるかを示唆する、道標的役割を持っています。学齢期のライフスタイルは、成人になってから各種の疾病の発生と極めて深い関係があり、生涯の健康づくりのため学校保健教育の意義がますます重視されています。歯磨き習慣を例に挙げると、う歯は小学生の68.19％（処置歯を含む）が罹患しており保健指導が各学校でも実施されています。身に付いた歯磨き習慣は今現在のう歯や歯肉炎予防にとどまらず、その人の生活力や心身の機能を高め豊かな人生に繋がるといわれています。また噛むことは脳の活性化に繋がり、よく噛めている老人は痴呆症にならないといわれています。

目的に合った曲選び　　　　　　　　　　　　　　鬼頭　亜香里

　音楽の嗜好は人それぞれですが、人ひとりにしても聴く時々によってその嗜好は多少異なります。体調や気分、身辺であった出来事などの影響でそれらは変化するということは、いろいろな文献から読み取ることができますし、自分自身の経験からもそう感じています。

　その時々の状態に合った曲を聴くというのは、「同質の原理」（アルトシューラーの理論）と言われ、音楽療法では基本となります。この「同質の原理」によってこころの内側に秘められていたものが外に出たら、次は気持ちを落ち着かせる音楽、気持ちを向上させる音楽へと段階をへて聴くのが望ましいのです。音楽を処方箋とする文献もたくさん出版されています。

　音楽の生理機能は、交感神経的機能（緊張・興奮）と副交感神経的機能（くつろぎ・休息）があり、前者は長調で不協和音・速い速度・凹凸の激しい旋律、後者は短調で協和音・ゆっくりとした速度・なだらかな旋律といった特徴があります。目的に合った曲選びをしてみましょう。

第7章　　短期大学における教養教育の実践
　　　　　―社会学の試み―

川又　俊則

はじめに

　鈴鹿短期大学（以下、鈴鹿短大もしくは本学とも表記）は佐治晴夫学長赴任以来、専門教育と同様に教養教育が重視されつつある。カリキュラム小委員会などの議論を経て、2006（平成18）年度より「こころの癒しと音楽」という新科目が設置され、1年生必修の「総合演習」は少人数のゼミ形式から、学長講演・キャリアガイダンス・各専攻別演習等が導入された。
　本稿は、主に「基礎教育科目」を担当する筆者（私）が、「社会学」という科目でどのような教育実践を展開しているのかを具体的に考察したものである。
　「社会学」は社会科学における一専門分野として、数多くの専門家・研究者を養成している。だが、本学のように「社会福祉主事任用資格」取得の関連科目として配置される場合もあり、公務員試験の受験科目（専門試験：行政系）として、受験生たち向けの講座・テキストもある。つまり、短大生や大学生は、「社会学」を専門分野として受講する以外に、資格取得等に必要な基礎科目として受講する場合もある。本稿では、教養教育の中に組み込まれた専門分野の教授方法に関する考察を示そうと思う[1]。

1. 短期大学における教養教育

　短期大学（以下、短大）はわずか2年間で修了する。その短期間で、一般社会ですぐに通用する資格や技術を取得できることが期待されている。つまり実学を志すのが短大の大きな特色と言えよう。

　短大と同様に、資格や技術取得に直結することを目指す教育機関に専門学校（一般に、専門課程を持った専修学校がこのように呼称される）がある。その差異は、学校教育法によれば、短大は、「深く専門の学芸を教授研究し、職業又は実際生活に役立つ能力を育成することを目的にできる学校」（第69条の2）であり、専門学校は「職業若しくは実際生活に必要な能力を育成し、又は教養の向上を図ることを目的として次の各号に該当する組織的な教育を行うもの」（第82条の2）と規定されている。前者においては「深く専門の学芸を教授研究」するが、後者にはそのような表記がない点が法規上の大きな差異である。修業年数も短大は2～3年、専門学校は1年以上と異なる。

　すなわち、短大では、資格・技術の取得は当然として、それと同様に、幅広い基礎知識やその分野における研究・理論などを広く深く追究する目的で設置され、カリキュラムが構成されていると言えよう。専門学校では、教養専門の学校以外は、それぞれの専門分野における実技・実習がより重視されているのである。そのため、短大の「教養科目」は、専門分野や基礎知識の礎となるべく存在している。それでは具体的に「教養科目」はどのように扱われているかを確認しよう。

　鈴鹿短大では、「教養科目」を「基礎教育科目」と表現している。これは、「外国語科目」「情報科目」「総合科目」「保健体育科目」に4区分され、「保健体育科目」以外は、それぞれ2単位・2単位・6単位以上、合計10単位以上が必修とされている。2006年度は27科目が設置されている。学生たちは1年次に「英語」や「生活情報処理Ⅰ、Ⅱ」を履修する場合が多い。「総合科目」は、それぞれの「専門教育科目」との時間割を勘案しつつ、自由に選択している。「社会福祉主事任用資格」を目指す場合は、「心理学」「社会学」等を取得すること

になる。

　三重県下の短大について「履修要項」「授業計画」等の資料を確認した。短大ごとに科目数や取得単位数の設置（8～24単位以上必修）等は大きく異なっているが、設置分野等は本学と同様であった。

　本学は「養護教諭」「栄養教諭」「幼稚園教諭」等、それぞれの教員養成校として教職関連科目も備わっている。学生たちは、教職資格を得るためには、関連科目を21～32単位を取得することが必要要件とされる。また、3専攻それぞれに専門科目として必要な履修科目も多い。

　結果的に、学生たちの2年間の時間割は相当過密になっている。月～金曜の朝から夕方まで、空き時間は少なく、土曜日に設定される科目を受講する者も少なくない。教員を目指す学生に私たち教員は、「（教員）採用試験現役合格を目指すならば、アルバイトなどの課外活動はほとんどできないことを覚悟する」ように入学当初より指導している。

　もちろん、そんな中でも彼女・彼らは友人たちとの関係を深め、さまざまな息抜きをし、青春を楽しんでいる様子もうかがえる。必要以上に羽根を伸ばすと学業面にすぐ跳ね返るので、受験を目指す者はすぐに元に戻る。

2.　教養教育改革と社会学

　大学改革があらゆる大学で行われている昨今、制度だけではなく、教養教育という枠組みや、授業自体の改革など、様々な試みがある[2]。私も非常勤講師で「社会学」を講じ始めた頃から、自らの授業については様々な工夫を積み重ねてきた。次節で述べる自らの授業自体、「社会学」という1つの科目に関する試行錯誤の過程であり、最終形態ではない。他分野・中等教育等の授業の状況なども参照しつつ、科目別に今後も様々な研鑽を重ねていかねばならないだろう。

　さて、日本社会学会および関心を持つ社会学者たちによって、「社会学」の教育に関する議論や調査研究が積み重ねられている。出版不況のなかでも、

様々な視点による多様な「社会学」テキスト（概説書・基本書・サブテキスト）が続々刊行されている。これらのテキストを用いた授業が全国各地の大学で毎日行われており、同時に、学会をあげてテキストや社会学教育の議論がなされていることは、この学会としての大きな特徴と言えるだろう[3]。さらに、日本教育社会学会・日本行動計量学会・日本社会学会が「社会調査士」「専門社会調査士」という新資格を認定することになり、認定者には2004（平成16）年からこれらの資格が授与されることになった。その結果、全国各地の大学で、「社会調査士」取得のため、これに関連するカリキュラムの整備が進められている。

ここで「社会学」という学問分野について若干解説を加えておこう。その名の通り社会を対象とするが、その社会自体が多義的な言葉である。その範疇には、家族・学校・国家・産業・都市・福祉等、様々な分野を包含する。もちろん、社会科学の一分野であり、近現代社会を対象にしているなどの緩やかな枠組みはある。本稿で強調しておきたいのは、「社会学の視点」である。それは、日常の常識と思われるモノやコトを「疑う」ことである。脱常識化や脱自明性などとも表現できる。次節で詳しく述べるが、私はそのことを、学生たちに「『モノの見方』を変えよう」と言葉を変えて説明している。

3.「社会学」の展開

本節では、実際に私の「社会学」の授業を詳しく見ていくことにする。毎年シラバスの内容は、前年度の反省を踏まえ、2分の1～3分の1程度改変している。本稿では2006年度の実践例を示しておく。

（1） ガイダンス

1回目はガイダンスとして、この授業におけるごく基本的な説明をする。常識的な決まり事である、私語厳禁・遅刻早退注意・携帯電源切・飲食不可等を、改めて約束事として明示する。破った者は授業を妨げた者として退出命令

もありうるとする。幸いにして本学では退出させた者はいないが、大人数の中の講義形式の授業ということもあり、私語をしてしまう者もおり、何度か厳しく注意をしたことはあった。

「社会学」という言葉に対して、高校までの「社会科」を思い出し、暗記物として拒否反応を持っている者もいる。しかし、先述の通り社会学は決して「社会科」の延長ではない。そこで、このガイダンスにおいては、学生たちのそのような不安を取り除く努力をしている。そのため、「暗記」の勉強ではなく、「モノの見方」の学問だと端的に述べている。

説明に先駆けて、A3両面のプリント一枚を配布しておく。そこには、授業スケジュール・評価方法・テキストの説明、参照文献などを記述し、それを順番に口頭で説明する。その合間に、私の「社会学」では大きな目標の1つとして、受講生たちの「固い頭」を「柔らかな頭」に変えることだと述べていく。

前期の1回目ということもあり、担当者たる私についてほとんど予備知識もない者もいるので、自己紹介もしている。浪人生活や大学・大学院生活、その後の非常勤講師時代、高校教員時代などをかいつまんで紹介する。また、本学赴任以前ずっと関東地方に在住していたので、三重県に来て気づいたことなども述べる。そして、社会学のなかでも「宗教」を対象にした研究を続けてきたことや、現在とくに「ライフヒストリー」に関心を持つ者として、自らの「ライフヒストリー」を語ることで、授業全体の導入とする一方、少しでも私自身を身近に感じてもらうようにしている。

鈴鹿短大のカリキュラム設定では、「社会学」は1年次前期に配当されている。また、「社会福祉主事任用資格」の科目であるため、3専攻すべてが取得できる時間帯として、月曜日の5時間目（16:20～17:50）に配置されている。各専攻とも月曜日は3ないし4時間の授業が設置されており、学生たちは、午後最後の時間帯ということで、やや疲れている様子もうかがえる。

だが、だからといって課題等の内容を軽減することはしていない。定刻通りに始まり、ほぼ85～90分で終了するような内容を準備しておき、概ねその通りに進んでいく。

(2) リアクションペーパー

　私は担当する多くの授業で「リアクションペーパー/Reaction Paper」[4]（以下、RPと略記）と名付けるミニレポートを毎回必ず課している。①出欠確認、②授業理解確認、③学生からの質疑応答、などを主たる目的としている。

　RPは単なる出席票ではない。ミニレポート形式（A5サイズ）にしている理由は、とくに②③を重視しているからである。授業の進め方として相互交流を図ることは、多くの大学教員が唱えている。実際に授業をする場合、挙手もしくは指名により受講生に答えさせながら進めるという方法が多いようである。私はそれも行っているが、多数を前にすると萎縮してしまい、思うように話せない受講生もいる。そこで、自由に自らの考えや質疑ができる場として、RPを用いている。

　課題は毎回3～5題を出している。私は学生たちに堅苦しくないイメージを持たせるつもりで、それを「お題」と称している。パワーポイント（プレゼーションソフト。以下、PP）にも「お題1　▲▲について自分なりに考えたことを書こう」などと記している。書く時間として1題につき3～5分程度確保する。じっくり考えたい学生にとっては決して長い時間ではないが、解答も単語で書けるものや自分なりの意見を書くものなど軽重をつけているので、やや簡単なお題ときに、それまでで書ききれなかったものを追加する時間などに当ててもらうように促している。

　毎回の授業開始直前の休み時間に、レジュメ（その時間の内容のポイントを簡潔に記したA4で1枚程度のまとめ）とRPを教室前方に置いておき、教室前方のホワイトボードに1人1枚持っていくよう指示を書いておく。私はパワーポイント（以下PPと略記）の準備に取りかかる。そして開始時間通りに毎回の授業が始まる。これが私の授業開始スタイルである。そして、前回のRPでの回答と質問をPPにて順番に紹介、解説し、前回の復習を行う。10分ほどで終え、該当する回の内容を述べていく。

　学生たちは実によくRPに記述している（右上の写真はRP解答中の様子）。

一言二言で終える者もいるが、それはごく少数であり、大多数はそれぞれの「お題」について、自らの考えを存分に書いている。基本的には片面で書き終えるような設定にしているが、裏面を利用する者も少なくない。

もちろん、誤字脱字なども少なくないが、それは赤字で修正し返却したり、あえてPPで誤字を指摘したりする形で、じっくり考えること、文字の正誤への意識を高めることなどを試みている。

リアクションペーパーを書く学生たち

（3）「飛び道具」その1：ジェンダーの視点

第1回目の授業の「最後のお題」には、ある有名な問題を出している。

「ある父と子が交通事故に遭い、父は即死、子どもが救急病院に運ばれた。病院で外科医がその子を見て驚き、こう言った。『私は手術できません。実はこの子は私の息子です』。この外科医と子どもはどのような関係だろうか」

テレビでも紹介されたことがあり、書物等でも広く知られている問題かもしれないが[5]、社会学の導入にピッタリなので、自分なりに表現をアレンジして用いている。すでに解答を中学・高校時代に聞いたことあるような者はすらすらと書く。一方、考え込んでしまう者もいる。考える時間を少し取った後にこのように付け加える。

「この問題にはいろいろな解答があり得ます。1人3つ以上解答を書いて下さい。1つ解答できたからそれで終わりでは、社会学的な考え方としては不十分です。頭を柔らかくすれば、いろいろな可能性に気づくはずです」

ますます混乱する者もいるが、何とか捻り出して3つ以上の解答を書いてくる学生もいる。授業終了後「先生、自分にだけ解答教えてください。今晩気になって眠れません」などと冗談交じりに言ってくる者もいるが、もちろんそれ

は拒否。解答を1つ知っている者も、3つまでは辿り着けず、頭を捻りつつ帰っていく。

　授業が終わると早速、RP全員分をくまなくチェックし、その解答を幾つかに分類する。そして、それぞれの代表的あるいはユニークな記述をPPに入力して、次回の授業最初の復習の部分で、それらを紹介する準備をする。
　なお、それぞれのRPには「ABC」のいずれかを赤ペンでつける。

　翌週、2回目の授業を迎える。授業直前の休み時間には、教室前方にコース別に分けてRPを置いておく。授業開始時までに前回のRPを受け取るように説明する。学生たちは、言われたとおりに前方に来て、RPを探し、自分のものを見つけて座席に戻る。ABCはだいたい3分の1ずつに記されており、学生たちはそのAやCなどを見て、一喜一憂する。中には首をかしげる者や、当惑する者が出るが、まだ私と対面するのは2回目なので、そのCなどの印を見て詰め寄ってくる者はなく、ざわつきながらも席に着く。
　授業開始の時間になると、PPをスタートさせ、幾つかのお題に対する学生の幾つかの回答を見ながら、前回を簡単に振り返る。

　そして、前回最後のお題に移る。
　本稿では以下、解答を5つほど紹介しておこう。毎回受講生たちによって解答の表現は異なっている。以下は、2006年度の受講生の解答である。

【解答1：外科医は実の（生物学上の）父】
　「外科医が不倫してできた子供」や「体外受精で外科医が精子を提供して生まれた子」などがこれに該当する。「実子だが、家庭の問題で施設（孤児院）に預けていたら、交通事故死した男性に引き取られた」外科医の前の奥さんとの間にできた子で、その子が小さかったため、妻は再婚相手に本当の父だと嘘をついていた。そのため、本当の父である外科医に子には会わないでくれと約束をしていた。顔は知っていたが、まさかこんなところで再会してしまうと

は。…動揺してしまいメスを握ることはできなかった。

これは、実際の学生の解答である。実に丁寧に細かく描写している。そのことを誉めつつ、他の事例も紹介する。

「一度離婚した外科医の、別れた妻との間にできた子ども」「死亡した父は息子の母の再婚相手」「死んだ父は誘拐犯人。外科医が本当の父親」などが考えられた。「本当の親子だが、手術できないのは、病院内で外科医に隠し子がいたことが知られてしまうから」「ある父に依頼して、ディズニーランドに連れいっていってもらった息子」。それぞれユニークな発想にもとづくが、結局は「生物学上の父」ということになる。

【解答2：外科医は義理の（社会的な）父】

今の解答1とは逆の発想で「育ての父親が外科医で、死亡したのは本当の父。手放した父はこっそり息子と会っていた」。「一夫多妻の逆パターンだった」などの解答例を紹介する。

【解答3：無関係】

赤の他人。勘違い。「外科医は先日息子を失い、心が乱れ、見ず知らずの男の子を自分の息子と思いこんでしまった」「生まれてすぐ子供を取り違えた」「思いこみ」「外科医はそのとき正気じゃなかった」「（問題文の）前後の文章に関係はなく、外科医が手術しようとしている息子と事故にあった息子は別人である」。

解答1・2を書く者を合算すると過半数を超える。この解答3は少ない。だが、私はこの解答3は学生の解答が1つでもあるかぎり必ず紹介している。それによって、自らの解答と別の視点があることを認識してもらうのである。

このように、PPを用いながら、解答1〜3までの紹介をして、「でも、これよりすっきりした解答があるよね」と言いながら次の解答4を示していく。

【解答4：母親】

それは「この外科医は子供の母親だった」という解答である。2006年度の受講生たちは144名中35名がこの解答を書いていた。「中学のときに聞いた」

や「高校の英語の講義で聞いた」などというコメントをつけている者もいた。
　より具体的な記述例として、「外科医は子供の母親であるので、当然、夫は即死していると聞いて手術は動揺しているのでできないし、警察などにも行かねばならないので息子の手術は他の医者に任せるつもり」など、詳しく書いたものを一例紹介する。
　この解答を書いた者は、満足気に頷く。そして、半分以上の学生は、そのことに気づかず、解答を聞いて初めてその当たり前な事実に愕然とする。
　私はおおむね、次のように解説を加える。
　「多くの人は、『女性の外科医』という発想をしませんでした。でもこれは理由があります。私たちの社会全体が、『男はこうあるべきだ』『女はこうあるべきだ』というジェンダー意識に深くとらわれているからでないでしょうか。『ジェンダー』という語は最近新聞などで使われているので聞いたことがある人も多いでしょうが、一般的に、『文化的社会的な性差』のこととして用いられます」。
　このように、社会学におけるジェンダーとセックスという概念規定を紹介する。そして私たちが、例えば、裁判官や弁護士などは男性、キャビンアテンダントや保育士は女性などの「職業」に性別イメージを持っていることを確認する（もちろん本学には、保育士志望の男子学生もいる）。「ジェンダー」については以後の授業で詳しく扱うことを約束し、さらに解答を進める。

　「今の解答がもっともすっきりするけど、『モノの見方』という視点ではその解答で満足してはダメです」。私はシラバスで「複眼思考」を掲げており、解答4に到達したことで考えることを終わらせてはならないと強調する。そして以下のようなユニークな解答を紹介する。

【解答5：その他】
　「外科医の息子が前に死んだが、その臓器が移植されていた相手だったので部分的に息子だと思った」「亡き父の亡霊が外科医に乗り移った」「ある父というのは外科医の父である。つまり息子の祖父。息子の父は外科医だった」。「飼

犬の父子で、犬を息子のようにかわいがっていたため」。

　これらは、苦し紛れのものもあり、厳密に「正解」とは言い難いかもしれない。だが、これらを明らかに間違いだと断定はしない。「複眼思考」自体は、その後詳細に説明するが、解答が1つであると考えるのは、現代日本の小中高までの学校の制度あるいは教育制度の問題なのではないか、せっかく大学に来たのだから、詰め込み暗記型の頭ではなく、もっと柔らかな感受性豊かな発想が重要だと述べるのである。

　ここまでが前週のお題の解説である。通常の回より、だいぶ長く時間を割いて説明しているが、それは直接この2回目の授業に接続するからである。「外科医」を男性と思いこんだ私たちを「ステレオタイプ（stereo type）」という言葉の説明から2回目の本題に入る。
　まず、「ステレオタイプ」は「リップマン（Lippmann, W）というピュリッツァー賞を二度受賞した米のジャーナリストが、1922年に出版した『世論』という書物でこの概念を提出した」と述べる。そしてその定義を、「特定の対象に関し、当該社会集団の中で広く受容されている単純化・固定化された観念・イメージ」のことだと述べる。
　そのイメージには「好悪・善悪などの感情的評価」をともなうことが多いこと、その例として、「イギリス人は紳士的、イタリア人は情熱的、ドイツ人は観念的、フランス人は芸術的」などの、俗流国民性論も紹介する。
　もちろん、本来、ステレオタイプとは、活版印刷の工程において、鋳型からつくられる鉛版（ステロ版）を指す言葉である。1つの鋳型から同一の鉛版が多数鋳造されることから、ジャーナルな言論が社会成員一人ひとりの頭のなかに造成された映像を指すことばとして用いられるようになったのだと述べる。
　ステレオタイプは必ずしも否定的にばかり使われるものではない。ステレオタイプ化された見方は、物事を理解するのに役立つことも多いことも述べる。人々は未知の状況に遭遇すると、ステレオタイプによって状況の意味を確定しようとする。もちろん、それは、人間の情報処理能力に一定の限界がある

わけだから、しかたないだろう。逆に言えば、このステレオタイプによって、複雑で流動的な事態に対しても、簡潔に把握することができるのである。

だが、それがあまりに強化されて、単純化・歪曲化・画一化・固定化され、実体とのズレが大きくなった場合に問題となる。

用語の説明でもあり、やや難しい言葉も交えるが、学生たちは自分たちが「ステレオタイプ」にはまってしまっていたことを理解しているのが分かる。

（4）「飛び道具」その2：評価される私たち

実はここから2回目の授業の山場を迎える。苅谷剛彦の『複眼思考法』で紹介されているある有名な方法をここで実演するのである[6]。

「ところで、いま返却したRPには、赤で、AとかBとかCとか書いてあると思います。それでは、みなさんに挙手してもらいたいと思います」少々ざわつくところで、「……Aだった人？」勢いよく手が挙がる。

「君、どうですか」と数名にマイクを向け、感想を求める。すると、「特別に何も思わない」や「良かった」、「中途半端なのに何でAなのかと思った」などとの応答がある。それに対して私は個別に感想は述べず、「答えてくれてありがとう。それでは次に、Bの人？」と問う。すると、挙手の数はAより少ない。それでも、手を挙げている人に、感想を求める。「まあまあです」「なんでAじゃないのかなと思った」などと答える者がいる。さらに、「それでは、Cの人？」と問う。実際はAやBとほぼ同数いるはずだが、手を挙げる人はごくわずかになる。勇気あるその数名に、先ほどと同様に感想を尋ねる。「残念です」「できているのに、なぜCなのか分からない」などとの答えが出てくる。

一呼吸おいて、私は全員に問いかける。

「その紙に書いてあるAとかCってなんだと思いますか？」

一瞬、時が止まったかのごとく、シーンとなる。

私の言葉で気付いた察しのいい学生は、サッと顔色が変わり、ピンとこない人は不思議そうな顔をする。私は続ける。

「たぶんほとんどの人は『自分の成績』『お題として書いたことの評価』だと

思ったのではないでしょうか。でも、私はそれが成績だとか評価だとはまだ一言もいっていません。実は、学籍番号順にRPを並べて、それの順番でABCと書いただけなのです」。

さらに続ける。

「川又は意地悪ですねぇ。でもこれは私のオリジナルのアイディアではありません。言い訳でもないのですが、苅谷剛彦さんという教育社会学者が、東大の講義で実際にやっていた実験を、応用したものなのです。そのときの苅谷さんの受講生たちも、ABCを成績だと思っていたと言っています」。

「多くの人が考えたように、学生が提出したものに、教師側が赤い字でAとかBって書いてあったら、それは評価だと思ってしまうのはなぜでしょうか。教育社会学を専攻する苅谷さんはこう答えています。『学生たちは学校生活のなかで、教師から出された課題は必ず評価される、そしてその評価はたいてい赤いボールペンでアルファベットや数字で表される。そして、評価にはよいものと悪いものがあることを知っている』。単なる記号にこのような意味を持たせてしまうのは何でしょうか」。

さらに言う。「通常、当たり前として通用しているこうした『モノの見方』をひっくり返し、その見方を支えているものが何かを考えたいと思います。それが社会学の視点です。中には、だまされたような気分になった人もいるかもしれません。でも、よく考えてみると、今日説明してきたステレオタイプ・固定観念について理解できるのではないでしょうか」。

そして、教育社会学として苅谷氏が、そこから出発し、「教師が学生を評価するとはどういうことなのか、序列がつけられるのはなぜかなどと、現代の学校が抱える問題に迫ろうとしていく」と説明し、この私の講義ではそこまでは述べないが、社会学の出発点としては同じなのでそのアイディアを拝借してみたとまとめて一段落となる。

(5) 学生たちの反響

ここまでの話は、ほとんどの学生に理解でき、そして自らの偏見や固い頭を「柔らかくしなくては」との決意に結びつけることに成功する。

前者の「外科医は母親」というジェンダーの問題の解答は知っていて平気な顔をしていた者も、その後のABCには対応できず、後にRPに「やられたと思いました！ 私の頭は固かったです」と吐露する者がいる。

この「ジェンダー」と「評価」の連続攻撃は、受講生たちに社会学の何たるかを短時間でイメージさせるには極めて効果的である。この回のRPを見れば、学生たちの衝撃が伝わると思う。

「普通にはめられた。むかつくけど、もっともやで、何もゆえやん」
「私はCでした。すっかりだまされて、友達共々ペーパーを裏返していたくらいです」
「完璧にやられました。平然よそおって心の中でかなり喜んでいました。恥ずかしい！」
「Cのショックと自分もステレオタイプにはまっているのだというショックでWショックでした」
「私は『固定観念』という言葉が嫌いなので、ステレオタイプにはまらないと思っていましたが、それ自体が固定観念だと気づきました」
「ステレオタイプからいじめや差別なんかが生まれたのではないでしょうか」
「先生の社会学、めっちゃ、面白いです。こんなに講義が楽しいって思えるのはすごいことですよ」
「言葉を理解するっていうのは、このことなのかと思いました。すごい講義が楽しいです」

方言混じり・口語体コメントもあるが（それらは講義の中で指摘し、また、PP上で紹介することで、学生たちはRPへ向かうときに、書き言葉を意識するようになっていく）、講義に主体的に取り組む姿勢が整っていることは理解されよう。

2回目の授業では、この他に幾つかの社会学用語などの説明を行い、「複眼

思考」についての説明をより詳しくする。最終的に「複眼思考」は苅谷氏の説明をもう少しまとめて次のように述べている。

①「複眼思考」とはありきたりの常識や紋切り型の考え方にとらわれずに、ものごとを考えていく方法のこと。

②常識にとらわれないためには、なによりもステレオタイプから抜け出して、それを相対化する視点をもつことが必要。

この「複眼思考」に関する議論は、そのまま社会学の視点につながるものとして提示して終わる。

「社会学」にはさまざまな導入が考えられる。私は本学で、この２つの「飛び道具」を用いることで受講生たちに大きなインパクトを与え、「社会学」という学問へ興味関心を持ってもらうことに成功した。「社会学」に関心興味を抱いた学生たちは、その後も、様々な「お題」やトピックの議論について、必死に考え、RPへ自らの言葉を書き綴る。

(6) その後の展開

2006年度の授業スケジュールは次の通りだった。

3回社会学的視座、4回ライフヒストリーとは何か、5回準拠集団、6回社会学教育におけるライフヒストリー、7回恋愛と結婚と離婚と育児―家族社会学、8回〈牧師夫人〉のライフヒストリー、9回日本社会の宗教と家族、10回印象操作と役割葛藤、11回信者周辺、12回ネット恋愛と自己啓発セミナー、13回大衆長寿社会における自己表現、14回試験、15回まとめ。

教養教育としての「社会学」の内容は講ずる者によって如何様にでも変化できるが、私は短大生の科目として、とくに「ライフヒストリー」という手法を取り上げつつ、他者理解ということを１つの柱においた。一方で、概論的に幾つかの社会学のキーワードを軸に現代社会論的な内容の講義を進めた。

それらの講義の一部を、年度の受講生たちのRPコメントと共に概観しておこう（次頁の写真は、通常の授業の様子）。

パワーポイントを使った授業

4回目では、「機能」や「社会的ジレンマ」などを扱った。とくに「機能」については、順機能・逆機能、顕在機能・潜在機能を扱った。学校・病院・役所等で整備された「官僚制」システムは、実は「逆機能」という働きを示してしまうこともあるなど説明した。そして「お題」として、上記いずれかの例を挙げよとした。すると、逆機能の例として「ちゃんと自立した大人になれるように親がしつけをしたが、厳しくしすぎて子供は親の顔色ばかりうかがい、親に言われたこと以外をしなかったので、なかなか自立できなかった」「テストに出ると思い、全部写したけど、大事なところが分からなくなって覚えきれなかった」等の回答が得られた。授業内容を十分理解していることが分かるだろう。

7回目では「社会学」講義のなかで「ライフヒストリー」を扱う意義についても論じた。脚註2にある横家氏が編集した幾つかの作品なども紹介し、短大生・大学生たちでも「ライフヒストリー」を編めることを示し、その後、数回にわたって「ライフヒストリー」を詳しく学んでいく準備をした。

その結果、「ライフヒストリー」教育の効果などについて、学生たちは次のようにまとめていた。

「勉強とは違うかしこさが身に付く。今までとは違う自分の考えが生まれる」

「ふだん何気なく過ぎていることに疑問点を出す大切さを学ばせる」

「学生と先生のコミュニケーションもあるし、社会勉強やこういう見方もある感じ」

「大学を卒業してこれから社会人になる大学生たちに、いろんな人生があることを教えるとともに、そのことを考えながら、いろんなことを学んで、自分の人生をいいものにしてほしいことを伝えるため」

また、横家氏編の論文集から紹介した一節に感銘を受ける者もいた。

「最後の『どの人もきっとすごいドラマを持っている…』という言葉がすてきだなと思った。今までは少し聞き流していたけど、今まで思わなかった、いろんな人のドラマを知りたくなった」

「自分が現在生活している時代とは違った環境、立場、暮らしの中で生きてきた人々の生活史を知ることは、もしかしたら、人生観を変えてしまうほどの大きな効果があるのではないかと思います。本質を知ることは変わる」

10回の講義では「役割」について扱った。拙著から取り上げた〈牧師夫人〉が抱える「役割葛藤」の問題や、私たちが日常的に行うことがある「役割演技」などを具体的に確認していった。そして、学生たちに、「役割演技をしたことはないか」と尋ねた。数人には講義中に答えてもらったが、それ以外にも次のような回答があった。

「高校受験で面接官に自分を作ってよい子に見えるように振る舞った」

「いつも演じています。イメージ通りになろうとしています」

「自信があるテストでできなかったときは、勉強をしなかったふりをした」

いずれも「あるある」と言いたくなるような例だった。このような個人的行動に関する質問も難しい問題に挟むとたいへんユニークな回答が出てくる。

12回の講義では「自由」を扱った。ある信仰を持っている人はその宗教教団にとらわれる、すなわち不自由だと見るむきがある。だが、逆に、その信仰を持っているがゆえに、他の宗教などに気をとられる必要がないから自由だとも言えるのではないかという主張をして、無宗教こそが自由ですばらしいと

いう誤解を再考した。スポーツや芸能の達人などは、ある型を学びそこから自分なりの自由な方向へ向かっていることを説明し、また、小学校などでの基礎的な教育も一定程度の強制があって後、発展があったことを確認する。このトピックに関するコメントは次のようなものがあった。

「何となく『自由』と聞くといいような感じに思えるが、『不自由があるから自由がある』というのはすごく納得できた」

「高校の国語の先生に『書くということは、ある形式を通じて自由なんだよ』と言われたのをふと思い出しました。完全に自由だとどうしてよいのか分からないけど、ある形式を通じて、自分を探すことはできると思う」

受講生たちがあまり身近だと思わない説明の場合、記述に戸惑いなども見られたが、それでも懸命にコメントを書き綴っている者が数多くいたのは講ずる者としては嬉しい限りであった。

毎回の授業終了後、だいたい1時間以上かけて研究室でRPのコメントを読み、赤でチェックを入れる。その後、次回の授業で最初に使うコメントをピックアップしていく作業までが私の「社会学」の1つの流れである。

4. 学生の授業評価

本学では2005（平成17）年度より学生による「授業評価」を導入している。私自身は授業最終回に忌憚のない意見をRPに書いてもらっているので、その2つを資料に、「社会学」の授業を反省したい。

「授業評価」は大問5項目（小問14項目）あるが、2005年度および2006年度の結果は、5段階評価で次の通りだった（括弧内は2006年度）。学生自身の取組み4.0（4.1）、内容4.2（4.5）、教員の取組み4.4（4.7）、教室環境4.2（4.4）、総合評価4.3（4.5）。全体的に本学の平均は上回り、かつ昨年度より向上したが、小問でみると、自身の取組み小問3項目のうち「シラバスを読んで講義に臨んだ」という部分の評価が若干低かった（3.8）。これ自体は本学全体でも低いので、次年度以降の改善検討課題である。

アンケートの自由解答欄から幾つか抜粋しておこう。

「物の見方によって違う答えがあることを学べたと思います」

「社会学と聞いて、とても難しいのではないかという想像があったのですが、講義を聞いてみて、ものの見方の考え方を、考え直すことができたと思います。ありがとうございました」

「PPを毎回上手に使いながら授業を進めていて、わかりやすかったです。静かな教室だったので勉強しやすかった。多くの知識がついたと思う」

また、RPでは一番印象に残った授業・来年度も継続して行った方がいいと内容を尋ねているので、その代表的なコメントを見ていこう。

「ステレオタイプが一番印象に残りました。気づかない間に固定観念にとらわれがちです。もっと違う方向から考えようという気になりました。たいていの人がそうだと思います」

「ニート・フリーターの話は大事なことなので、後輩たちにも是非してほしい」

「社会的ジレンマは試験にも出題されましたが、とても印象に残っています」

その他、ネット恋愛・本当の自分・逆機能・ジェンダー・ライフヒストリー・家族社会学（恋愛・結婚・育児）・宗教・同調等の項目を挙げている学生がいた。

この授業では、学生たちに予習復習を強制はしていない。どちらかというと授業で考えたことなどを日常生活でも考えることや、普段の生活において何らかの発見を得られればいいと授業の度に学生たちに述べている。もちろん、授業自体は真剣勝負なので、私が準備する様々な投げかけに対して、受講生は「今度も引っ掛けでは？」と考えた者もいたようだが、真剣に取り組んでいる。

授業は当然ながら教員と学生との直接的な関係により成り立つ。したがって、授業内容のベースは同じであっても、実質的には同じ授業は二度とできない。学生たちの様子を見て取り、幾つかのアドリブを入れることになる。準備していた内容のこともあれば、突然、気付いて出てきた発語もある。

だが、いずれにせよ「水もの」という意識と「真剣勝負」という心構え、また、「これだけは伝えたい」という思いによって授業が構成される。社会学の

専門家を育てるのではないが、否だからこそ、ほとんどの学生にとってたった一度しかない「社会学」の授業だからこそ、その魅力を存分に伝えたいと思って私の授業は進められる。

おわりに

　自らの授業内容の一部を素材に、教養教育のあり方の１つを検討した。今後も授業内容の改善が必要であることは言うまでもない。

　もちろん、この内容は、専門分野としての「社会学」教育の王道とはとても言えない内容だろう。だが私は、教養教育における「社会学」は、その視点の強調に注目したいと考えて講義概要を作成した。それは、社会学的知のうち、その理論づくしではなく、少しでも受講生に実践的な授業でありたいということで考えたものである。学生たちからの声を活かしつつ、今後も次の授業内容をじっくり考えていきたい。

註
1) 本稿は本書全体のコンセプトである読みやすさを第一義にし、脚註・参照文献等は最小限に止めた。筆者は本稿執筆と並行して、教養教育・大学改革等の従来の議論等を整理し、本学を中心に教養教育を考察した拙稿（「短期大学における教養教育の可能性―リベラルアーツと市民的教養」、『鈴鹿短期大学紀要』27号、１～19頁、2007年）を執筆した。参照文献の大部はそちらで示したので関心ある方は参照されたい。
2) 教養教育の観点で具体的な事例を豊富に取り込んだものとして、神戸女学院大学文学部総合文化学科編、『教養教育は進化する』、冬弓舎、2005年がある。「社会学」の事例は一人だけ紹介しよう。「社会学」のテキストを使った概論的講義ではなく、ライフヒストリーの実践を試みている椙山女学園大学の横家（田口）純一である（田口純一編、『こころの運動会』、北樹出版、1994年、横家純一編、『ショータイム―女たちのライフ・ヒストリー』、あるむ、2001年）。その他は脚註１で挙げた拙稿を参照のこと。
3) 日本社会学会編、『社会学評論』223号、2005年の特集は「テキストに映し出される社会学の知」である。社会学のテキストを作成してきたベテランの研究者たちなどによる９本の論考が掲載されており、たいへん参考になる。
4) 大学の教育現場ではすでに、1980年代以降、シャトル・カードや大福帳などと呼ばれ、

学生がコメントを記し、翌週講義担当者がコメント・チェックをして返却する形式の出欠カードも普及している。私のRPの場合は、幾つかの「お題」を出している点、長文を書くことが期待されている点（上記は概ね5行程度が上限）でそれらと若干異なる。相互交流を重視し、受講生へのきめ細やかな対応を意図している点では同じである。
5) その書物の一つに、伊藤公雄、「セックスとジェンダー」、伊藤公雄・橋本満編、『はじめて出会う社会学』、有斐閣アルマ、1998年、pp.21-27がある。
6) 苅谷剛彦『知的複眼思考法』講談社α文庫、2002年（1996年）、pp.29-35

私の読書習慣　　　　　　　　　　　　　　　　　　　櫻井　悠郎

　若い頃から、買った本の裏表紙に日時や書店名などを書き入れています。

　49年前に読んだ河盛好蔵さんの『愛・自由・幸福』という文庫本は串田孫一さんの赤い椅子と緑の棕櫚竹の装幀も素敵です。この本から「ぽるとがる文」のことやサン・デクジュベのことを知りました。「星の王子さま」は7年後の昭和39年岩波少年文庫で読みました。挿絵にあるバォバブの木を見たのは、平成9年東アフリカの奥地タンガでした。根が小さく、枝葉の大きな木ですが大風が吹くとすぐ倒れるそうです。「ぽるとがる文」の5つの手紙は40年後遠藤周作さんの解説書で読みました。

　私の読書は一冊の本から次々と今に続いています。このことは、その本がそのときの私にふさわしい書物であったことに間違いないと思っております。私の精神が、その書物の中に私にふさわしい言葉や文章があることを教えてくれたのであります。

　若いときからの読書の習慣を持つ必要があるといわれる理由がよくわかります。

微生物と食品　　　　　　　　　　　　　　　　　　　久保　さつき

　私の研究は大腸菌の遺伝子解析と有用遺伝子の検索から始まりました。以後、何らかの形で微生物との付き合いが続いています。鈴鹿短期大学で行った研究の中で、微生物と深く関連するものに「なれずし」と「パン」の研究があります。「なれずし」は古い形のすしで、魚などのタンパク質に富む食品を米や粟などの穀類を加熱したものと漬け込み、自然発酵により酸味を生じさせ、保存性を高めたものです。日本のみならず、東南アジア・中国・韓国にも見られますが、三重県ではアユやコノシロで作ったなれずしが伝承されています。「パン」は小麦粉に水を加えてこねた生地を、パン酵母のアルコール発酵で生じる二酸化炭素の力でスポンジ状に膨らませ焼いたものです。パン酵母の生育状態と生地の物性との微妙なバランスでパンの焼きあがり状況が変化します。どちらも微生物の働きがキーポイントとなる食品であり、生き物のすばらしさを実感する研究です。

第3部　歴史および地域編

　開学から40年、様々な角度から軌跡を振り返る。また、新たな一歩を踏み出すために将来の展望を語る。今までもこれからも地域に密着して歩んでゆきたい。

鈴鹿短期大学校歌
作詩　市川　良三
作曲　三輪　宣彦

鈴鹿山嶺の
　雪と深く　雪と深く
呉竹の　氣高く伸びて
知性と教養
究めて磨き
文化の華を
つちかう園生
白亜の殿堂
　鈴鹿短大

広重の
　雨を聞きつつ　雨を聞きつつ
閑かにも　深く学びて
学理と技能の
関がいに育う
やがて羽ばたく
希望の空へ
平和の使者立つ
　鈴鹿短大

開学から40年の歩み

出発期	昭和41年（1966）	鈴鹿短期大学開学　家政科を設置（入学定員100名） 学長に堀敬文就任 教職課程を設置〔中学校教諭2級普通免許状（家庭）〕
	昭和42年（1967）	家政科を家政専攻（入学定員50名）と食物栄養専攻（入学定員50名）に専攻分離 食物栄養専攻、栄養士養成施設として厚生大臣指定
	昭和44年（1969）	家政科を家政学科に変更 家政専攻に教職課程設置、養護教諭コースとする〔中学校教諭2級普通免許状（保健）〕〔養護教諭2級普通免許状〕 家政学科第三部を開設
	昭和54年（1979）	鈴峰寮（学生寮）を新築
発展期	昭和59年（1984）	商経学科を開設 3号館を新築
	昭和60年（1985）	呉竹館（トレーニングルーム、茶室など和室）を新築
	昭和61年（1986）	開学20周年記念式典を挙行 2号館を増築
	昭和62年（1987）	商経学科、男女共学とする 家政学科家政専攻家政コースを服飾科学コースと変更

激動期	平成 元年（1989）	家政学科第三部を廃止 家政学科家政専攻入学定員を50名から100名に変更
	平成 2年（1990）	家政学科家政専攻に食文化コースを設置 教職課程を廃止〔中学校教諭2級普通免許状（保健）〕
	平成 3年（1991）	家政学科を生活学科に学科名を変更 家政専攻を生活学専攻に専攻名を変更 養護教諭コースを養護教諭・福祉コースと変更 生活学科、男女共学となる（養護教諭・福祉コースを除く） 生活学科生活学専攻入学定員を100名から150名に変更 商経学科入学定員を100名から150名に期間付収容定員変更
	平成 4年（1992）	生活学科養護教諭・福祉コース、男女共学となる 情報処理センターを新築 学生ホールを新築
	平成 6年（1994）	生活学科生活学専攻に生活コースを設置
	平成 8年（1996）	商経学科を廃止
	平成10年（1998）	鈴鹿国際大学短期大学部に校名を変更 生活学専攻入学定員を150名から60名に変更 食物栄養専攻入学定員を50名から40名に変更
	平成12年（2000）	生活学科生活学専攻生活コースを生活情報コースに変更 教職課程を廃止〔中学校教諭2種免許状（家庭）〕 学長に堀敬紀就任
現在	平成16年（2004）	生活学科生活学専攻保育士養成施設として厚生労働大臣指定（入学定員50名）保育士コースを設置 生活学科生活学専攻入学定員を60名から90名に変更 学長に佐治晴夫就任
	平成17年（2005）	生活学専攻を生活学専攻（入学定員40名）とこども学専攻（入学定員50名）に専攻分離 こども学専攻に教職課程を設置〔幼稚園教諭2種免許状〕 食物栄養専攻に教職課程を設置〔栄養教諭2種免許状〕
	平成18年（2006）	鈴鹿短期大学に校名を変更 創立40周年記念式典を挙行

第8章　　開学40周年の歴史

> **座談会**
> 鈴鹿短期大学創立40周年。この間を出発期、発展期、激動期の3つに分け、教職員（旧・現）の皆様方が各期における短大の状況や思い出を懐かしく語り合い、さらに、短大の将来を見つめあいました。

1. 出発期を語る

橋本　清子・岩崎　ひろ子・仲見　栄子・舘　峰子・山田　芳子

山田　私たちは出発期を語るということで創立から15年、昭和56年ぐらいまでの流れの中、苦労話や楽しかったことなどいろいろ思い出しながらお話を進めていきたいと思います。
　　　それでは、短大の設立準備室の時から勤めだしたという仲見さんですが、その短大の誕生のいきさつや当時の様子はいかがでしたか。

仲見　鈴鹿市の要請で鈴鹿高校が昭和38年4月に開校され、その隣の敷地に家政の各分野における専門的知識、技能を身につけた指導的家庭婦人育成をはかるとともに、専門的職能人として自立できる免許資格を付与した短大を設立しようという機運が高まり準備室ができたと聞いていますが、昭和41年1月に認可をもらいそれからの学生募集でたいへんでしたね。当時は校舎も1号館が建っているだけで施設が何

もなくかわいそうでした。入学生数は 31 名と少なくて、私も学生とあまり年齢がかわらなかったので、学生とすぐ仲良くなったり。

その開学と同時に就任されました橋本先生、今でもその当時の学生は忘れられないのではないですか。

橋本 ええ、私は被服学関係の科目を担当ということで開学と同時にお世話になったので、学生と同じ新人。右往左往の毎日でしたが、学生の一人ひとりの顔と名前、そして出身地などすぐ覚えましたね。なつかしいですね。今頃はもうよいお母さん、おばあちゃんになっているのでしょうね。

「誠実で信頼される人に」を教育目標にかかげ、家政科家政専攻のみで出発して、翌年、食物栄養専攻に専攻分離して、校舎も増築、設備も整いだして、校旗や校歌を制定、学友会活動も活発化、新しい歴史を作るんだと学生も動き出しましたね。

岩崎先生、どうですか。

岩崎 ええ、私はその食物栄養専攻ができたとき、調理学関係科目の担当として就任したのですが、学生は少なくても元気ありましたね。でも、調理実習は学生はあまり得意でなく実習室はたいへんな大騒ぎ。たいへんといえば学生募集は苦しい時代が長く続いて、募集を担当している先生方はご苦労が絶えない毎日だったと思いますよ。

今でこそ、にぎやかな街になりましたが、「鈴鹿市」を知らない人も多く、近鉄沿線でないという地の利の悪さをいう人もいましたね。でも、堀敬文学長先生の教育に対する姿勢とお人柄で、その当時の短大に勤めている教職員一同よくまとまって短大の知名度アップに向かって議論を交わし、努力をおしまず、教授会など学生かわいさからでしょうが喧々諤々、長時間になることもありました。

山田 私は、その食物栄養専攻の一期生で、橋本先生、岩崎先生にご指導を受け、そして卒業後そのまま短大にお世話になっているのですが、あの当時を思い出すと随分家族的で温かい印象を受けました。先生方は教育熱心で、親身になって育てていただき人生の機微を感じまし

た。先生方との会話が多く、そこからどんなことにでも興味を持つようになり、視野が急に広がったような。

仲見　昭和44年に家政専攻に養護教諭養成課程を設置し、このコースは短大ではあまりないコースということで各地から学生が集まり、おかげさまで職員はその学生の受け入れに大忙し。3月は毎夜、寮と下宿まわりでクタクタでした。そして、同年に働きながら学ぶという第三部ができ、短大も学生数がグーンと増えて、今度は教室が不足なんてことにもなりましたね。

　　　第三部の学生は学生であっても社会人ということで、すごい大人という感じがしました。事務的には、提携会社との連絡ミスなどがあって午前の学生が、午後になったり、送迎バスが遅れたり、いろいろありましたが。

　　　舘さんは、私よりも10年も後輩になり、短大も少し落ち着いた時代になっていたので、このような話、どう思いますか。

舘　　大学の事務室はこういう仕事をするのだと初めて知って、もうついていくだけで精一杯の毎日でした。私が入った時は学生も多くて活気があり、10年の歴史は簡単につくられたものではないのだなあと、いま先生方のお話を聞いて感じています。

　　　大学の行事がいろいろあって一年一年が早く過ぎていきました。

　　　学生の研修旅行などに連れて行ってもらったり、教職員旅行も毎年楽しみでした。

橋本　一期生から北海道修学旅行へ行きましたね。そして春と秋の研修旅行も毎年計画して。いつごろから行かなくなったのかな。

山田　修学旅行といえば、9泊10日の北海道旅行（昭和42～46、48、50年実施）ですね。夜行列車、青函連絡船、函館山の夜景、摩周湖、阿寒湖、北海道大学（クラーク博士像）、網走など雄大な大地に心は癒され、若いエネルギーは燃え、喜びの歓声が聞こえました。寝食を共にしたことは、先生や学友の温かい心に触れることができ、学生生活で一番の思い出ができた旅行でしたね。

岩崎　勉強の合間に行事も多く取り入れて、スポーツ大会、大学祭、そして予餞会などいろいろありましたね。大学祭では全国各地から集まっている第三部の学生はそのお国自慢コーナーを設けて名物を販売したり、お国の民謡を踊ったりして大盛況、すごいパワーぶりを発揮していました。

仲見　第三部ができた時はすごかったですね。東洋紡、東亜紡、鐘紡、敷島カンパス、大東紡、倉敷紡、中央毛織など周辺の繊維会社と提携を結んで、従来あった短大二部と違った紡績工場の二交代勤務にあわせた授業時間で三年で卒業するという新しい型の短大ですが、この一期生は135名と多く、その学生を送迎するバスが毎日、何台も玄関前に並んで実に壮観でした。

　でも、この第三部も、繊維産業の衰退で学生数がだんだん減って、ついには商経学科の誕生となるわけですが。

　そしてこの商経学科に男子学生の入学と、当時の私たちの予想もしない展開になるのですが、この話はこの出発期のことではないので。

橋本　学生寮や下宿先も市内数箇所にあって管理がたいへんでしたが、45年鈴峰寮ができ近いところにまとまることとなって、でも一番近いところなのに、その寮生の遅刻が一番多かった。

山田　今でもそうですよ。遠くから通学している学生の方が早くきます。鈴鹿短大学生気質もこの40年で随分変わってきて、どう対応していけばいいのかと悩むことが多いです。

橋本　変わってきて当然なのですが、私たちが教えていた時代は短大といえば家政学という時代で、良妻賢母教育の中に専門的職能人養成を取り入れた、今から思うと範囲が限られた教育内容で、多様化した現代、教える側も教えられる方もたいへんじゃないですか。

岩崎　無から有。本当になにもないところから出発してここまでよくやってきたものだと思います。40年、長かったのか、アッという間であったのか。

　初代の堀敬文学長先生はいつも入学式などで学生に「陰徳ある者必

ずその栄を享く」と校名の出典についてお話してみえましたが、今もそれが生き続いているのではないですか。

仲見　入学式の会場にはその軸が掛けられましたねえ。

　　　初代学長先生（写真）は、学校は、教員、職員、学生の運命共同体だといつも言ってみえましたが、本当にそうで、どのひとつが欠けても成り立たない。その学長先生の気持ちがあたたかい雰囲気の短大としてよくまとまって、私はとても働きやすい職場として長く仕事ができたことをほんとうに喜んでいます。

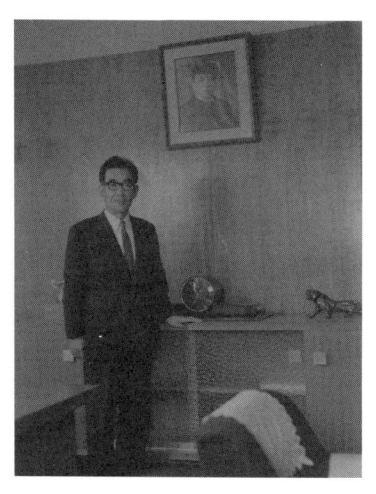

初代学長　堀　敬文

山田　学校の空気も学生の質もだんだん変わってきていますが、初代学長先生からひきついだものは目にはみえなくてもいろいろのところでたくさん残っていると思います。

舘　　私は、他の職場は知りませんが、仲見さんのいわれる通り働きやすい職場だと思います。事務室もそして事務内容もはじめの頃とすっかり変わりました。当初は、もちろんパソコンなどなくて、和文タイプの音がしていたり、なんでも手書き、手作業でしたが、いまはOA機器なくしては仕事がすすまない。

岩崎　久しぶりに短大に来させていただきましたが、とてもなつかしいです。出発期はどこでもなんでもたいへんで、この座談会は苦労話ばかりになりましたね。

橋本　いまさら愚痴を言ってもしかたありませんので、苦労も多かったけれど、楽しいこともイッパイあった出発期ということで終わりましょうか。

山田　最後に橋本先生に締めくくっていただきましたので、まだまだ出発期、話はつきないと思いますが、このへんで終わりたいと思います。

2. 発展期を語る

神尾　光員・出雲　敏彦・富田　寿代・清水　利佳
鎌田　美千代・岡野　節子・福永　峰子

福永　昭和56年〜昭和63年間の歴史の歩みを発展期と位置づけて、商経学科設置認可についてと家政コースを服飾科学コースに変更したことなどを中心にお話ししていただきます。まずは、永年に渡り事務長を勤められ、ご苦労が多かったと思いますので、神尾さんからご説明いただけますか。

神尾　この時代は、従来の家政学科から異質要素を加えた商経学科の設置とその後の男女共学、さらに入学定員の増加に伴う家政コースから服飾科学コースへの変身等、正に発展期そのものの時代だと言っても過言ではないと思います。ご承知の通り文部省への認可申請手続きは、今日の様に規制緩和もなく設置基準は大変厳しいものでした。その基準の1つめは設置の趣旨、2つめは教員組織、3つめは設備や校地等による資産状況です。文部省へ行った最初の年は、相談すら応じて貰えなかったように記憶しております。日々暗中模索のなか、申請手続きに邁進致しました。提出する資料も膨大で、準備期間は3年の月日を要しました。文部省に申請書を受理してもらうためには必要性を強調しなければいけないということで、設置の趣旨を3つの柱で構成しました。1つめに商経は享栄学園の原点であること、2つめに当時の時代背景として国際化・情報化する社会へ適応できる人材を育成すること、そして3つめに小規模改組での経営規模の確立でした。この3つで文部省には何とか申請書類を受け付けてもらえて、その後はヒアリング、実地調査へと進み、忘れもしない昭和59年2月2日に、やっと商経学科が認可書を受理するに至りました。

　　　ここで息抜きとして、1つの逸話をお話したいと思います。商経学科設置準備委員会の先生方は毎日夜遅くまで仕事をしてみえたわけ

ですが、認可が確実視されていたある深夜、突然文部省から校地面積が認定基準に満たないので認可を認めない旨の電話がありました。高等学校との校地の共用部分について文部省の理解が得られなかったんですね。関係者は慌てて打開策を考えねばと翌日より東奔西走し、三重県私学振興課に高等学校学生1人当りの基準面積の証明書をお願いして、文部省の承諾を何とか取り付けることができました。こんな事が有りまして、年内に認可は下りず、正式には翌年となりました。

さて、発展期においては、新学科の増設、新コースへの変更等により規模も大きくなり、収容定員は当然ながら増加されました。昭和56年から昭和58年においての収容定員は200名に対し学生総数は350名台を推移し、更に昭和後期の63年度に至っては総学生数が650名までに増加したことは周知のとおりです。

以上申した通り学生数も順調に延び、ますますの充実発展した時代ではなかったかと思います。

記念式典における堀 敬文学長の挨拶

福永　実際に商経学科の学生指導にあたられました出雲先生はいかがでしたか。

出雲　当時の開講科目には、国際金融論、会計学、経営学、民法、憲法そしてコンピュータ関係などの科目がありました。現在で言うMBA（経営学修士）のような形を目指してでき上がった学科であったと思います。私を含め、30歳を少し越えたくらいのスタッフが5人おり、10年間ほど商経学科の発展に力を注いできました。商経学科というのは教育内容もさることながら、人間関係が非常にスムーズに行われていたのではないかと思いますね。

福永　私達家政学科の方から見ると、商経学科の先生はまとまりがあり、学生さん達もすごく活気があって元気だといつも思っていました。人間関係がスムーズであったといわれましたが、何かコツがありましたか。

出雲　それはですね、「商経センター」という先生方が集まる部屋があったからだと思います。そこには2人の助手さんがいつも詰めていてくださっていたので、先生方はもちろん、学生たちも集まりやすい環境でした。いつもそこでお茶を飲んだり、昼食をとりながら情報交換する、これがかなり大きかったですね。これは単に先生方の交流だけではなく、学生のことについても話をしますので、ある時学生が校内で自動車事故を起こしたのですが、その時もすぐに我々の所に情報が入ってきました。この商経センターは、竹士先生が学科長の時に作られました。各先生方の専門分野が違うので、それぞれの研究室に閉じこもらないようにと配慮された部屋で、先生方は1日1回は顔を出すようにといわれていました。この部屋があったからコミュニケーションがとれて人間関係がスムーズだったと思います。

神尾　出雲先生に伺いたいのですが、商経学科と家政学科の2学科になって、それぞれに学科会議があり、総合的には教授会で事が進んでいましたが、違う学科の先生方とのコミュニケーションを取られた方法とか、学生間の融合はどんな風だったんでしょうか。

第 8 章　開学 40 周年の歴史　159

出雲　　学科と学科の繋がりということではやはり、学科長を通じてというのが多かったですね。私は、家政学科の先生方は皆先輩でしたから教えてもらう立場でしたし、我々より年上の先生方はお付き合い上手でしたので、あまり軋轢はなかったですね。

福永　　本当に商経学科の先生方には良くしていただいて、楽しい思い出ばかりです。商経学科が開設して3年後に男女共学になりましたが、清水先生は両学科の体育をご指導なさって、学生さんとのふれあいやコミュニケーションの取り方などはいかがでしたか。

清水　　全学科担当していたので、そういう意味では横の繋がりもありましたね。学生同士の中では見えない壁もなかったですし、仲良く楽しくできていたんじゃないかと思います。私が着任したときには、学生数がどんどん多くなっていった時だったので、クラブ活動がそれまで女子の硬式テニスとお茶やお花しかなかったのが、バスケット部やバレー部ができたりと活発になってきました。男子が入ったことで、やっぱり活気がありましたね。

出雲　　男女共学になって学生数は増えましたよね。男女共学に反対はなかったですか。

神尾　　それはありましたよ。男女共学で学べる設備が必要でしたし、家政学科の先生方は男子学生を教えた経験が無かったので心配されていました。

清水　　私は始めから男子学生がいましたから違和感はなかったですね。あの頃は研究室にいつも学生が入り浸っていましたし、よく学生と遊んでいましたね。

福永　　みんな懐かしいですね。保健室に配置された鎌田先生は学生さんたちとふれあう機会が多かったと思いますが、いかがですか。

鎌田　　私は助手としてお世話になりましたが、ずっと女子ばっかりだったので、商経学科ができて男子が入ってくることに心配はありました。当時ご指導いただいていた小林先生が「保健室のベッドはどうしましょう」と言っていらしたのが印象に残っています。それで確か、

ベッドのところを区切って頂いた記憶があります。

福永　他に先生方との思い出やエピソードなどはありますか。

鎌田　竹士先生は毎週血圧を測っていかれました。それまでは近づき難かったんですが、親しみやすい方だったんだとわかりました。学生も元気でしたが、先生方も学生のパワーをもらってとてもお元気でしたね。

福永　商経学科が男女共学になった年に服飾科学コースの担当として着任された富田先生はどのように感じておられましたか。

富田　私は中庭をはさんで美しい校舎（当時の3号館）が建っているなぁと思っていました。服飾科学コースも新しい校舎で設備もかなり最新の良いものを入れてもらっていましたが、他のコースは昔ながらの、伝統ある建物という感じでしたね。

福永　当時、服飾科学コースの助手を勤めておられた岡野先生はいかがですか。

岡野　服飾科学コースは衣料管理士の資格を取得することができましたね。この資格は、企業と消費者の間に立って衣生活の充実を図るのが仕事です。衣料の材料・加工・色の原理などの知識も持っていて環境にも気を配らなければならない、アパレル関連企業に有利な資格です。このような資格が取得できたことはすばらしいことですよ。

福永　服飾科学コースの学生さんは、卒業式のパーティで素敵なドレスをよく披露してくれましたよね。

出雲　服飾科学コースは、素材からデザインまで全部やるということでしたが、あれは全部授業の中でできたのですか。

富田　そうですね。それを教えていくということになっていましたが、なかなか上手くはいきませんでしたね。たった二年間ですし、学生には得意不得意もあるし、素材の話は科学で難しいですしね。全部勉強させることは学生にとって負担だったと思います。入学してから「こんな厳しいの」と感じるところがあったと思います。

神尾　鈴鹿は「服飾科学」という環境が整っていないから、上手くいかな

いと言われていましたが、実際はどうだったんですか。

富田　愛知は繊維の一宮が控えてますし、岐阜はアパレルですからね。ただ、繊維は斜陽と既に言われていた時代でしたから、鈴鹿の地で服飾科学を発展させていくのは難しいとも感じていました。

神尾　今思うと残念なのは、服飾科学コースを作る時に、コースですから文部省の認可は要らないのですが、報告はしないといけないわけですよね。そこでコース主任の根本先生が報告書を文部省へ持っていかれたら、特色ある教育ということで特別補助金がついたんですよ。かつて、ずっとやってきて特別補助金が付いたのは服飾科学コースだけでしたね。

富田　科学と文化を融合させるという、今流行のものに近かったですし、やっていたことは画期的だったと思います。場所が悪かったのか、時代が悪かったのかわかりませんけれど、画期的すぎて学生がついてこれなかった印象があります。

福永　就職面ではどうだったんでしょうか。服飾科学コースの卒業生の方はどういうところへ就職されたんですか。

神尾　ニーズはありましたよね。学生さんは科学よりも、生活に直結するところもあるしファッションの方に目が向いていたのではないですか。

富田　確かにそういう学生もいましたね。しかし、倉敷紡績やフタバ産業、染色工場などにもたくさん就職しています。先生の顔もあったと思いますが、かなりいろいろなところへ就職して活躍されている卒業生の方もいると思いますよ。

福永　商経学科増設で2学科となってから、先生方や学生数も増えて、キャンパスはいつも明るく活気に満ち、充実発展が大いに期待できる時代でしたね。まだまだお話をお伺いしたいのですが、発展期の座談会をこれで終了させていただきます。

3. 激動期を語る

　　　　林　英夫・北川　博一・大谷　仁・古田　悠・木野本　はるみ
　　　　　　小林　壽子・稲田　輝夫・梅原　頼子

林　　　平成元年から平成15年までの短大ですが、平成6年までは右肩上りの時代でした。以降は下り坂で、鈴鹿国際大学に定員を割愛し、学生数が減ったというだけではなくて、先生方も大挙して国際大学に異動されました。そういう後の空虚な思いを味わった先生方もたくさんおられると思います。まさに、激動の時代であります。この間を回顧していただき、苦心をしながら何とか短大の充実を図ろうと努力された事など、お1人ずつ順番にお話しいただければと思います。

　　　　それでは北川先生からお願します。

北川　　私の印象に残っているのは、入試委員になってもっぱら英語関係の入試問題を作成した事ですね。その当時はかなり試験が難しかったことや高等教育を希望する学生数の増加で合格できない生徒もかなりいました。商経学科の大教室はいつも学生が沢山いました。大学が非常に活気があったということですね。

　　　　もう1つは就職部長をしていた時のことですが、この時はまだ就職難ではありませんでした。企業からの求人も多くて、特に短大の女子学生に対しては非常に旺盛でしたね。なかでも生命保険会社からの求人が多かったのを思い出します。しかし、学生のご両親からは「生命保険会社を薦めないでくれ」というクレームもありました。

大谷　　私が良かったなという感じを持っているのは、短大は明るく家庭的で、学生さんもみんな意欲的でしたから、個性を伸ばしていけるように接することができたことです。

　　　　なかでも女子バレー部の顧問をしておりまして、平成6年度には三重県学生バレーボール選手権で、三重大学や皇學館大學を破って鈴鹿短期大学が優勝したこと、あの感激は今でも忘れられません。

それから、養護教諭コースが養護教諭・福祉コースに改名した平成3年以降、研修旅行に行っていました。平成7年は大阪方面に行くことが決まっていたのですが、阪神・淡路大震災がありまして、急遽下呂高山の方に変更しました。その時に学生の中から「先生、義援金を送ろうやないか」という声が上がり、カンパをしまして義援金を送りました。学生たちの優しい気持ち、そういったものが心打たれるものであったと思います。

木野本　私が短大にお世話になった当時、学生さんが全国から集まっていることに非常に驚きました。どうして本学を選んだか聞いてみると、自分の学校の養護教諭の先生が鈴鹿短大の卒業生で、その先生がとても良く指導してくれたので「そんな先生が通っていた短大へ行こう」ということで、この短大に来ている学生さんがたくさんいました。

　他には、養護教諭の資格を取るためには、臨床実習や養護実習がありますよね。このような校外実習では、学校では見ることができない技術や病める人を見る目などが養われて、実習から帰ってきた学生さんを見て、「ずいぶん成長して帰ってきたな」という印象を受けたことを憶えています。

　また、先ほど大谷先生のお話しにも出ましたが、バレー部が試合で優勝したり部活動が盛んなんだなぁという印象がありましたね。

　それから、学生数は平成5年の907名をピークに少なくなっていって、いろいろなところへ学生募集にも出掛けましたね。その頃は、暇さえあればバイトに励む学生さんが多かったように思います。

古田　私は他の先生方とは少し違っておりまして、大学を創って欲しいとの依頼を受けてこの大学に来ました。

　赴任して最初は、鈴鹿市、津市、四日市市と、大学の設置の協力依頼に堀副学長と駆けずり回った記憶が強烈な印象として一生忘れることができません。しかし、いずれの場所も当初大学設置は難しく、平成2年の終りには堀理事長から「もう三重県は諦めろ」「愛知県か岐阜県に移れ」という指示までありました。

　　　　　もう1つ私が忘れられないことは、堀副学長とアメリカに行ったことです。アメリカへ大学を見に行くというのが1つと、創始者の堀英二先生の足跡を探しに行きたいということでした。ただ、100年ぐらい前の話ですし、砂漠の中でダイヤモンドを拾うようなものだという気持ちではありましたが、奇跡的に英二先生のご卒業になった大学が名前を変えて現存するということがわかり、名簿で名前を見つけることができました。これは奇跡的なことであったと、私の忘れられないエピソードです。

　　　　　鈴鹿国際大学の設置が決まった後は、養護教諭・福祉コースの教授として情報処理の授業を担当することになりました。当時ちょうどワープロからパソコンに切り替わった頃で、情報処理センターができたばかりでしたね。商経学科がゼミ形式をとっていたので、生活学専攻でもゼミの形式を取った記憶も思い浮かびます。私はゼミで「デスクトップパブリシング」という机の上で本を作るということをやらせてみました。なかには片面印刷で1冊50ページを6冊作った学生さんもいて、これは今でも私の宝物として残っています。

小林　　私が印象深いのは、平成3年生活学科生活学専攻養護教諭・福祉コースと学科・専攻名・コース名を変更したことです。文部省への届出申請は大変でした。

　　　　　そして平成10年から鈴鹿国際大学短期大学部と大学名が変わりました。この年、文部省が愛知県の中学2年生の大河内君の自殺を機に、教員の資質を高めるということを急遽打ち出して教職課程の見直しとなり、本学も新たな再課程認定を受けることになりました。

林　　　再課程認定ではご苦労様でした。

小林　　ご指導いただいた矢田先生のお言葉ですが、「天が助けてくださった」ということでスムーズに進み、養護教諭2種免許で再課程認定を受けて今日に至っております。

　　　　　他にも大学名が変更になった年には、大学祭を国際大学と一緒になって行うことになりました。ただ、その時は短大だけで大学祭がで

きないものかと随分学生委員会でも検討しましたけれど、学生数が減ってきていましたしやむを得ないということで合同開催となり、そのあと今日に至っています。平成12年には国際大学から木野本先生を通じてエイズ予防キャンペーンを開催してほしいというお話がありました。エイズ感染者のペンネーム北山翔子さんを記念講演の講師としてお呼びして、鈴鹿国際大学の国際文化ホールで行い、大学祭のイベントを成功に持っていったことが印象に残っております。

稲田　私は就職課担当でした。平成元年はバブル期の後半で、学生の45%くらいは県外出身者で、求人も全国から集まってくるという状況でした。

　その後、バブルが崩壊して学生は地元志向に変わりましたね。それから10年ほど経って規制緩和に変わってきた当時に、企業が合併や統合・廃止とかいうようなことが全国で起きました。10大都市銀行が昔ありましたけれども、今は統廃合されまして4大銀行ですね。今まで10箇所あった求人が途端に4箇所からしか来ないという状態が、銀行のみに限らず他の企業でもたくさんありまして、求人が減ってくるというような状況でした。

激動期をなつかしく語る先生方

　　　　　世間ではこのような状況でしたが、本学は専門職希望者が多いものですから、それほど大きく影響は受けませんでしたね。
　　　　　就職関係は世の中の経済の動きに左右されます。この動向は大きいものですから、そういう情報を集めるのも大変でしたね。あっちへ行ったりこっちへ行ったりしましてね、絶えず情報収集をしまして、学生にもそれをお話ししていました。私はいつも就職率100％を目指して頑張っていましたね。

梅原　　栄養士コースでは、最近ですが平成14年に栄養士法の一部が改正されて、教育内容と教員資格の見直しがありました。例えば、病理学担当者は医師免許を持った先生でなければならない、助手3名の内2名以上は管理栄養士でなければならないなど規定が出され、再申請しました。
　　　　　そして、管理栄養士国家試験対策として、平成8年度から準備講座を同窓会が立ち上げて、平成15年から本学の公開講座として卒業生を支援しています。毎年わずかですが合格者も出ていて、嬉しい報告をしに短大へ顔を出してくれる卒業生もいます。

木野本　私はその準備講座で健康管理概論の講師をしましたね。あまり栄養士コースの学生さんとは接触がありませんでしたが、卒業した方々がいっぱい集まってみえて、母校を懐かしんでみえるのを知り、ここでいろいろないい教育を受けた人が全国に散らばってるんだなぁと思っていました。また、ホームヘルパーの講習会でも、栄養士コースの学生さんが資格を取りにきてくれました。養護教諭・福祉コース以外の学生さんと接触があったのはその2点ですね。

林　　　一通りご発言いただきましたが、他に思い出されるようなことがあれば、ご発言いただければ、ありがたいと思います。いかがですか。

大谷　　食文化コースというのがありましたね。私はスポーツ実習を担当しまして、スポーツ施設を使った健康づくりを目指してスイミング、エアロビクス、ゴルフをしました。学生諸君と一緒にエアロビクスをしたり、ゴルフの打ちっ放しを楽しみました。特にスポーツ好きの学生

梅原　その食文化コースですが、栄養士コースの志願者数が毎年定員をはるかに上回ってきていて、その対策として食文化を学ぶ学生を募集しよう、というのが始まりでしたね。

北川　商経学科は特色としてゼミを持っていましたね。卒業論文を毎年書いて、その成果を見せる卒業研究発表会がありました。伊勢の厚生年金会館という大きなところを借りて、各ゼミから代表を出して発表をさせる。その晩はそこで泊まってくるということもありました。

小林　養護教諭コースも発表会をしましたね。当時はまだパソコンもないので模造紙にいっぱい貼っていましたね。

　平成12年だったと思いますが、同窓会の援助もあって養護教諭の採用試験のために受験対策講座をやりました。その時に養護教諭教員採用試験問題集を1冊にまとめて出しました。

古田　手前味噌になりますが、本学の養護教諭・福祉コースの卒業生が三重県養護教諭の半数とかなりの数を占めておりましたし、三重県からも養護教諭コースに期待されていましたよね。

林　右肩上がりの時代のお話しが多いように思いますが、右肩下がりの難しい時代に関して思い出されることがございましたら、是非ご発言いただけるとありがたいと思います。

北川　平成5年をピークに学生数は減少していきました。定員を満たすために留学生の受け入れやAO入試が導入されて、面接や作文で判定をすることになりましたから、入試制度が無力化してしまいました。この結果、学生の質がかなり低下しましたね。

　また、学生募集のためにそれぞれの大学がオープンキャンパスをやることも学生が減ったことの結果でしょうね。

林　この部会は「激動期」というテーマで、商経学科は四大に移行して将来が期待されるところでありました。残った生活学科は定員が減り、苦しい中でも頑張ってきたという事ですね。全て語りつくすのにはもっと時間が必要でしょうが、このあたりで終了したいと思います。

4. 本学の将来像を語る

佐治晴夫学長・堀敬紀副学長・櫻井悠郎学科長・葛西泰次郎事務局長

葛西　昨今の高等教育は、少子化に伴う18歳人口の減少とその影響で、全国短大の半数強が定員割れという未曾有の厳しい時代となっています。本学は2年前に佐治学長をお迎えし、昨年から短大改革を実施、学内を明るくすることと、学生の満足度に視点を置いた大学名称の変更を始めとする様々な見直し改革に取り組んできました。お蔭様でこの数年間本学は、定員割れとは無縁に推移しており、私学共済事業団からも注目されているところです。

　　　本日のこの会では将来展望を語っていただきますが、1つは40周年を迎えたこの現在はどういう時代なのか、2つ目にそれを踏まえて新しい本学の将来像、3つ目は新しく目指す本学の学生像、この3点についてお願いしたいと存じます。

　　　それでは副学長から本学40年の歴史を織り混ぜお話しください。

堀　第一次ベビーブームに合わせて昭和38年に鈴鹿高校を創立し、その延長線上に女子の高等教育が必要ということで昭和41年にこの鈴鹿短大を作りました。3年後には、東洋紡、東亜紡、鐘紡などで働きながら学ぶ学生を受け入れるために「第三部」も作りました。

　　　次にバブル期がやってきましたが、誰もが高等教育を受ける時代でしたね。この頃に商経学科ができました。学生数が一番多い時には900名を超えました。

　　　その後鈴鹿国際大学の創立により、短大の定員を移行しましたから短大は小規模化しましたね。

　　　現在、学生数は減少したものの、本学は資格を取るために入ってくる学生ばかりですからモチベーションは高く、目的意識の高い学生が多いと思います。

　　　これからどうしていくかというところで佐治学長をお迎えしました。

葛西　　学科長はいかがでしょうか。

櫻井　　私が就任してから現在まで、学生の学ぶ姿勢は変わっていないと思います。この短大に来る学生は、副学長が言われたように資格を取るという目的意識がありますから、充実した学生生活を送っているように思います。しかし、学生がどんな学生なのか、どんな雰囲気を持っているのか、と考えるとイメージが浮かんできません。40年の歴史を持った学校がなぜだろうと思います。

葛西　　短大生は四年制大学と比べると、カリキュラムもボリュームがあり、資格取得という目的もあって、アルバイトなども考えると学生生活は大変過密で、大学のカラーとか、学生生活を楽しむ余裕がないというのが現状ですね。

　　　　学長は本学に来られた時、どのような印象をもたれましたか。

佐治　　まず、私がここに来て感じたのは、もう少し明るさがほしいということでした。本学は、近くに美しい川や山があって素晴らしい自然に囲まれた環境の中にありますし、女子学生も多いのですが、暗い印象を受けました。校舎自体も暗い印象を受けましたので、改革第一歩として今年の3月に本館のリニューアルを行い、今までよりもずっと明るくなりました。環境によっても人の気持ちは変わるものですからね。

　　　　学生については、2年間で資格を取るという目的意識はありますが、「学ぶ」「理解する」という意識はまだ十分ではないように思います。それをこれからどうやって付けていくか、ということです。地域の方から「鈴鹿短大の学生」「鈴鹿短大の卒業生」ということで評価される学校になるために

リニューアル後の学生・教務課

は、学生に付加価値を付けることが必要ですね。できる学生を育てることも大切ですが、それよりも優先するのは気立てのいい学生を育てることだと考えています。

葛西　学生に付加価値をつけること、そのために具体的にはどうしたらいいのでしょうか。

佐治　学生を見ていますと、話し方や社会生活でのマナー、礼儀作法、最低限のエチケットなどが十分だとは言いきれないことに気がつきました。当たり前の事かもしれませんが、この基本的なことを充実することで本学の特徴として出していけないかと思います。

　　　正しい判断のできる「理性」と、相手の立場に立って相手を理解できる「情緒」的なもの、またその調和が必要だと思います。復古調であるように思われるかもしれませんが、逆にこの「理性」と「情緒」を2本柱として、この短大の特徴として出していきたいですね。今年度から総合演習の内容を一新して、幅広い教養を養うための講座にしましたね。

葛西　学生が「理性」と「情緒」を総合演習を通じ、教養として身に付けていくことは本当に大切ですね。

堀　本学の卒業生が学園内の高校・大学の事務局で働いていますが、今まで苦情を受けた事は一切ありません。言い換えると地味、真面目で誠実ということになるかもしれませんね。このように今までの卒業生は「誠実で信頼される人に」という建学の精神は守られてきていると思いますが、これからはそれだけではなく学長の言われる教養もとても重要だと思います。

佐治　学生は2年間で成長しますし、私が短大に来たときよりは、今年入学してきた学生のレベルは上がってきている印象を持っています。

堀　それは社会人学生が増えてきたことに関係しているのではないでしょうか。社会人の勉強に対する姿勢、態度は意欲的で他の学生のお手本になっています。本学が社会人に対する奨学金制度を設けたことによって、このような効果が表れてきたのですね。

　　　　本学の学生の評価ですが、公開講座に参加している一般市民から良い評価を受けています。来学される方からは学生が挨拶をしてくれると評判です。

櫻井　学生は資格を取るという目的意識を持って勉強していますので、それには満足していますが、学問的な興味を持って授業に望んでいる学生は少ないように思いますし、もっと勉強したいから4年制大学へ進学するという学生がいないのは少し寂しい気がします。

葛西　その通りですが、学生の中には経済的に厳しい家庭事情の中で勉強し、資格を取得、すぐに社会に出ようという学生が数多くいます。それを可能ならしめるところに本学の存在意義があるのではないかと思いますね。

佐治　学生が授業を受ける態度については他の大学に比べてずっとよいと思います。なかにはとても熱心な学生もいますので、その学生達が中心となって他の学生を引っ張っていってもらえるとよいと思いますし、社会人学生の背中を見て自然に勉強する態度も養えます。ですから学生の将来についてはそれほど心配していませんし、行き先は明るいと思っています。また、フリーターやニート問題がありますが、本学の学生は就職率も高くよいほうだと思います。

櫻井　そうですね、学長の言われる通り本学の学生に大きな欠点は見当たりません。しかし、特徴が出てこない、何か特徴が欲しいと思いますね。

堀　本当にそう思います。本学は今まで養護教諭の採用試験や管理栄養士国家試験の合格者を毎年出してきており、一定のラインを維持してきました。これからをどうするかです。

葛西　本学には、今まさに時代が求める生活学（養護教諭・福祉）専攻、こども学専攻、食物栄養専攻の3専攻がある訳ですが、何か本学の独自性が特徴として出せないでしょうか。

佐治　先日、特別養護老人ホームへ学生が実習授業をかねて見学に行きましたね。その時の感想文を読むと、現場を見せることがとても大切だと感じました。現場から学ぶ事はとても多く、このような実習を充

実させる事で特徴が出せるかもしれません。

櫻井　最近では、病院実習など医療の現場を見て驚く学生がたくさんいます。学生たちが命の大切さを意識できるような講義があってもいいのではないかといつも思っていました。

佐治　そういった意味でもライセンスを取る講義だけでなく現場の実習は非常に重要だと思います。

　短大は基本的に地域密着型でないといけないと思っています。学生が現場実習に行って地域に貢献できることは非常に重要です。そういった意味でも先日の特別養護老人ホームへの実習には大きな意義があり、それを続けていかなければなりませんね。

櫻井　本学は小さい短大ですので、学生が地域に貢献できる場所を作っていくことは必要だと思います。学生がオープンキャンパスなどで高校生に指導している姿を見ると生き生きしています。このような場所があれば学生自身が成長していくと思いますし、大学の評価、先生の評価となって返ってくるのではないでしょうか。

葛西　確かに学生が自主的に参加する大学祭などのイベントでは、実に生き生きしていますね。短大の学生生活は多忙ではありますが、ボランティア活動のチャンスなども作ってあげることは大切だと思います。本学は小さい規模をメリットとして生かしてどんどん機動的に活動していけるといいですね。

　本学の将来像ですが、大きく理想像を言えば、私学ですから国公立と同じパターンを踏襲していくのではなく、私学の特徴である独自性やユニークさを出していくことが重要だと考えます。よく言われるように、地域のナンバー1ではなくオンリー1をこそ目指すべきだと思いますがいかがでしょうか。

佐治　今は地域の方に公開講座に参加するという形で本学に来校していただいていますが、これからは私達が地域へ出て行く必要もあると思います。地域サービスのために新しいことを常に本学から発信して、地域との信頼関係を深めていくことが大切でしょう。

　　　　本学は人生をデザインできる3つのコースがありますから、人の一生の側面をカバーできる講座を先生方の知恵を出し合って考えていくことが地域社会に貢献できることだと考えます。市民のQOL（生活の質）を高めるための基本的なお手伝いをしていきたいですね。

葛西　地域との関係なくして本学はあり得ませんからね。鈴鹿市との間で学官連携協議会などの場もありますが。

櫻井　今の時代にあった教養講座をもっと地域へ発信していく、また社会人としての基礎教育などの講座の充実をしていかなければいけないですね。例えば本学の中に食育センターや教育センターを創ることも考えてみてはどうでしょうか。本学のような教育施設から地域への貢献も重要ですよね。

堀　そうですね。例えば朝食が食べられない小学生が多いと聞きます。小学校が抱えている問題にも違った形で取り組めることもありそうですね。

佐治　母親教育や親子教育など今の地域に貢献できる講座がいくらでも考えられます。本学にレストランを作ることも可能じゃないでしょうか。栄養計算のされているメニューがあってもいいですよね。本学が中心となって鈴鹿から三重県へ、そして世界へと文化をはじめいろいろなことの発信ができればいいと思います。

堀　例えば某大学では、○○講座を受講した後には大学内の喫茶店でお茶を飲み、大学内のレストランで食事をして帰ってくる、というような本当に町と一体になっている例があります。

葛西　小規模であることをメリットに柔軟な発想で、できる事から新しい事に取り組んでいきたいですね。
　　　また、学生の将来像についてはどうでしょうか。本学の建学の精神である「誠実で信頼される人に」と具体的目標として掲げられた①あてになる人物になろう、②働くことの喜びを知ろう、③全力をふるって事にあたる体験を持とう、④感謝の気持ちと畏敬の念を持とう、⑤正しく日本を愛し、国際的視野を広げる人になろう、の5項目は具体

的でわかりやすく素晴らしい目標だと思いますが、学生を育てる上で、この建学の精神はどのように教育と結びつけることが出来るでしょうか。

櫻井　学生達には建学の精神を具体的に語らなければ、本学が意味する誠実を理解してくれないと思います。そこに校風としての鈴鹿短大の付加価値をつけてあげたいですね。

佐治　先生方が建学の精神を踏まえて授業を通して学生に伝えていく、いろいろな見方や価値観があっていいと思います。研究する事と教えることは違いますが、先生方が真剣な態度で取り組めば学生と信頼関係が築けます。言葉だけで伝わるものでもないと思います。またメンタリティー教育も必要ですね。しかし、一年に一回くらいは建学の精神について講義をしてもよいと思いますよ。

堀　創立者は毎朝、校門で学生を迎えていました。登校指導でなくて学生一人ひとりに声を掛けるために出迎える意味があり、当時の学生からは信頼されていました。それは今も受け継がれているような気がします。評価を期待して何かをするのでは無いという事です。

佐治　建学の精神は先生方の普段の真剣な姿勢から、学生たちは学んでくれるのだと思います。専攻別で学ぶ内容は違いますが、人間の本質としては同じものを求めて教育をしなければならないと思います。教育の根底にはお互いの信頼関係が必要です。そんな雰囲気から気立てのいい学生は自然に育ってくれると思います。建学の精神「誠実で信頼される人」で、社会に役にたつ「気立てのいい」学生たちが本学の特徴として、また大学のカラーになってくれればと思います。

葛西　本学の将来を語るということで、座談会を持ちましたが、お話が正に開学の原点である「建学の精神」のお話しに立ち返ったところで、本学の将来がさらに50年、100年と発展してゆくことを祈念しまして、お開きにしたいと存じます。ありがとうございました。

いま、求められていること　　　　　　　　　　影山 昇

　45年間の教育・研究活動から得たことは、教師の仕事が追求→創造にあり、つねに困難→発展→創造の道筋を辿りつつ、自らの変革を求められていることでありました。さらに、一人ひとりの学生の発達可能性を着実に開花させていくために、自らの教育・研究に真摯に取り組み、切磋琢磨を忘れず、講義の画一化を排除し、個性豊かな学生を育成することであります。

　いま、日本の教育は大きな転換期に直面しています。学生たちにとって、いまこそ幅広い教養に裏打ちされた専門性の追求が求められているのです。

　鈴鹿短期大学は、地域に密着した大学でその使命を果すべく努力しております。三重県を基盤として全国各地で活躍する先輩たちの姿をみれば、その存在意義はきわめて大きいと言わざるを得ません。

鈴鹿短期大学に勤めて30年が過ぎました　　　　　舘 峰子

　私は、昭和50年4月から鈴鹿短期大学の事務職員として勤務しています。40周年記念誌の第3部「歴史を語る」を座談会形式で記載することから出発期を語るメンバーに加わりました。創設当時の話を色々聞くと当時の苦労されたこと、今とは違う学生との触れ合いやエピソード等を知ることが出来ました。思い出話に花が咲いて楽しい座談会で、事務職員の私には興味津々で聞いているばかりでした。私の職務配置も異動があり、その度に新しい知識と技能を身に付けることができました。13年間は庶務・会計課に配属され計算はそろばんを使っての処理でした。その後は図書館業務を10年間務め、学生と接する機会が多く、楽しかったことが思い出されます。そして、今は庶務会計課に戻り、パソコンを使っての事務処理に追われています。自分の歴史を回顧することができました。

初心に帰れ！　　　　　　　　　　　　　　　　　　　堀　建治

　大学の4年間を三重県で過ごしたわたしの青春（？）を飾る1ページにあるのが「鈴鹿」の地です。入学後、先輩のある甘い一言で入部を決意したのが、レクリエーションサークルでした。レクリエーションの理論と実技は学外で学ぶというクラブの方針のため、毎週のように訪れていたのが鈴鹿サーキット横にある「鈴鹿青少年センター」でした。大学卒業と同時に三重の地と別れを告げ、センターでの記憶は心のアルバムの1枚に収まることになっていきました。あれから十数年。何かの縁で再び三重県、それも鈴鹿の地へと戻ってきました。センターは学生を引率して野外活動の集中講義の会場として、新たなお付き合いが始まりました。わたしの思い出アルバムにセンターのページがさらに増えることの喜びを感じるとともに、汗をかきながら一生懸命活動に取り組む学生の姿を通して、初心に帰ることの大切さを改めて感じる機会を与えられることに感謝します。

音楽における共感と癒し　　　　　　　　　　　　　　近藤　綾子

　鈴鹿市庄野町といえば、東海道五十三次として江戸から数えて45番目の宿である。雨脚に追われるように蓑を被った旅人達が坂道を駆けてゆく様子を描いた広重の『庄野　白雨』は、驟雨のざわめきが聞こえてくるような臨場感あふれる傑作だ。我々はあの絵を見て、現在のどこの位置から描いたものであろうか、後の宿場町はどこになるのだろうかと想像を巡らす。すっかり気持ちは広重の絵心に触れてしまっている。さらには、あの驟雨の音の強さを想像し、帰路に急ぐ人の足音は聞こえてこないのか、などと耳をそばだててしまう。ここに瞬間性と永遠性が重なり合う音の持つエネルギーを感じる。心の世界をあたかも自分自身の世界であるかのように感じてしまうのである。当地ゆかりの1枚の絵が語る芸術の偉大さを再認識し、音楽における共感と癒し探しの旅人になりたいと思う。

鈴鹿の山々　　　　　　　　　　　　　　　　　　　　　　　山本　典子

　鈴鹿山脈は、高い山でも標高が2,000m以下と小規模ながら変化に富んだ自然と、奥行きの深さが魅力の山々です。

　初心者の私は、上級者に連れて行ってもらい、代表的な山にいくつか登りました。印象深かったのが入道ヶ岳です。うつ伏せにしたすり鉢状の入道ヶ岳は、広い山頂から鈴鹿の街並みと伊勢湾を一望でき、とても気持ちがよかったです。また、三重と滋賀の県境を流れる「愛知川」を沢登りにいったこともあります。大小様々な岩の間を流れる透明な水は本当においしく、人工的なものが一切ない純粋な自然の中を流れる美しい愛知川を歩いたときは、疲れなどまったく感じられませんでした。山に行くとき、いつも傍らには愛犬がいて、山にいるときの愛犬と私は同じ気持ちで山を楽しんでいたと思えます。そんな愛犬のニコニコ顔を観られるのも山の魅力であります。今は登る機会が少なくなったけど通勤途中の車から鈴鹿の山々を眺めている毎日です。

庄野宿資料館　　　　　　　　　　　　　　　　　　　　　　清水　妙子

　庄野宿は東海道五十三次の四十五番目の宿として発展し、また安藤広重が描く「東海道五十三次」の風景版画の傑作と言われる「庄野の白雨」でもよく知られています。

　鈴鹿市では庄野町に残る宿場関係資料の活用を図り、旧小林家の保存を進めるため母屋の一部を当時の姿に復元し、平成10年4月に庄野資料館として開館しました。館内には庄野宿の本陣、脇本陣文書、宿駅関係資料をはじめ、地域に残る民具、農具、日用品等いろいろ展示しています。

　年々街道の自然が失われていくこの頃、展示資料から当時の生活でも思い出してください。（市指定文化財旧小林家住宅）故小林彦三郎氏は日本画壇で活躍された方です。

コーポレート・ガバナンス　　　　　　　　　　　　李　智基

　企業不祥事が、世界各地においてあとを絶ちません。そして、大きな企業不祥事が起きる度に、人々の関心を呼んで、さまざまな議論を引き起こしています。企業不祥事の発生を防ぐことはコーポレート・ガバナンス（Corporate Governance）の問題であると言われています。そこでは、「会社は誰のものであるか」、「会社の取締役をどのように監視するか」という問題を中心に議論が展開されてきました。コーポレート・ガバナンス論はアメリカから発祥し、世界に広がり、現在世界各地で様々な議論がなされています。各国の状況が異なるので、コーポレート・ガバナンスの中身は一様ではありません。またその対象範囲は広く、企業活動のほとんどの局面に及ぶ可能性があります。そのなかにあって、コンプライアンス体制、取締役会の機能及びディスクロージャーのあり方が重要であるということは共通の認識であるでしょう。コーポレート・ガバナンスは、とかく取締役らの経営に対しての監視の側面が強調されがちであるが、そもそも取締役ら経営陣はいかに会社を経営すべきかの問題であります。その意味で、コーポレート・ガバナンスを取締役制度の観点からみることは重要であります。

第9章　　生涯学習機関としての鈴鹿短大
―公開講座への取組み―

久保　さつき

はじめに

　近年、社会の各分野において生涯学習への関心が高まり、学校、地域等で、各種の学習活動が行われている。このような生涯学習が行われている背景には、少子高齢化社会、国際化社会、情報化社会の進行などの社会的変化の流れを踏まえ、わが国の教育を新しい時代にふさわしいものにすることの必要性から、教育の基本理念として生涯学習の理念が明確化され、社会教育の振興の重要性が叫ばれていることにある。高等教育機関である短期大学は、生涯学習を実施する機関としての責務が課されている。すなわち、社会人を短大へ受入れるための取組みだけではなく、学術研究の成果を社会へ還元するための公開講座の開設や、図書館・体育館施設の開放などである。

　鈴鹿短期大学では、これらの要請に対して、聴講生の受入れ・科目等履修生制度、社会人特別選抜制を活用し、社会人を短大へ受入れるための取組みをしている。また、様々な団体に試験会場や講義室として校舎を開放し、さらに、公開講座の開設も積極的に行ってきている。

　ここでは、鈴鹿短期大学が生涯学習の一環として実施してきた公開講座への取組みについて述べる。

1. 鈴鹿短期大学における公開講座の始まり

（1） 公開講座の開設

日本における大学、短期大学の公開講座の歴史は古く、「公開講座の運営の実態に関する調査結果報告」（国立教育研究所大学開放システム研究委員会、1991（平成3）年）によると、大学・短大それぞれ1大学ではあるが、1922（大正11）年に初めて公開講座が開設されている。しかし、開設数が急速に増加するのは、大学では1970年代後半、短期大学では1980年代に入ってからである。

鈴鹿短期大学における公開講座の始まりは、1984（昭和59）年の商経学科開設以後ではないかと思われる。手元にある資料で最も古いものは、1987（昭和62）年のもので、「英文タイプ科」「ワープロ科」「パソコン科」の講習会を夏期に行った時の新聞折込み用ちらしである。従って、高等教育機関としての短期大学がその役割を果たすべく、公開講座の開設数が急に増加し始めた時期に、他の短期大学に遅れることなく、本学も歩調を合わせ、公開講座を開設したことになる。当初商経学科のみで行っていた公開講座であるが、1990（平成2）年、包帯法と人工呼吸を行う「救急看護法」の講座が加わった。すなわち、この年から家政学科を巻き込み、全学的に公開講座を実施することとなる。1991（平成3）年には、子どもの心理的発達と子育てを内容とする「教養講座」と、エアロビクスと栄養の話及びコンピューター栄養診断を行う「スポーツと栄養」講座が加わった。さらに、1992（平成4）年には、「楽しい親子クッキング」講座が加わった。1992年までの期間に実施された公開講座は、すべて開講時期が夏期に限られており、日数は1～3日間連続というものであった。

（2） 土曜自由講座の開設

1993（平成5）年に土曜自由講座が始まる。名前が示すように、夏期ではなく、土曜日に開講するというものである。土曜日開講を試みた背景には、週休

2日制一部採用時期であったことが推察される。メインテーマ「明日の日本を考える」を掲げ、年間9回の講演を実施した。講師はすべて本学の教員であり、毎回異なる講師が講演を行った。鈴鹿市・鈴鹿市教育委員会・鈴鹿商工会議所の後援名義使用の許可も得ている。現在、本学が財団法人鈴鹿市文化振興事業団と共催で実施している、「ライフセミナー」の前身である。この講座は、それまでの実学中心の公開講座とは異なり、講義形式のものを年間通して実施するというもので、本学としては、画期的な企画であった。当時、三重大学が実施していた講義形式の公開講座を参考に創設したものと推察する。三重大学では、公開講座を夏期に10日間連続（土曜日・日曜日は実施していない）で実施している。開講時期を除外すれば、講義回数、講義形式、受講料の金額、修了証書の発行など、類似する点が多い。

　翌年1994（平成6）年には、メインテーマを「世界の文化・日本の文化」と変更し、年間8回の講演を実施した。講師は学外から2名を招き、他の6名は本学、あるいは享栄学園関係者であった。

　1年目の土曜自由講座は講義形式のもののみであったが、2年目のこの年には、「世界のパン講座」を併設している。毎回異なる国のパン作りを年間8回実施した。この講座は、現在、本学で大変人気のある「楽しい手作りパン教室」シリーズの前身である。

　この2年間において、新しく企画された公開講座は、現在本学が実施している2大公開講座につながっている。すなわち、開設当初からこの時期までは、鈴鹿短期大学公開講座の創世記といえる。その後、様々な取組みを行い、現在に至っている。以下に、現在実施している講座について解説をする。

2. 現在実施している公開講座

（1）ライフセミナー

　前述したように、本学公開講座の主軸となっている、講演会形式の講座である。

ライフセミナーで講演する佐治晴夫学長

　1995（平成7）年に、前年まで「土曜自由講座」として、講義形式で実施していた講座を「ライフセミナー」と改め、この講座のみを、鈴鹿市と共催で実施することとなる。鈴鹿市と本学では、「ライフセミナー」実施に関して次のような分業を行っている。すなわち、鈴鹿市が広報と受講申込の受付業務を、本学が企画と実施全般を行っている。鈴鹿市との共催の結果、「ライフセミナー」の受講者募集の広告が鈴鹿市文化情報誌「けやき」に掲載可能となる。受講申込みは鈴鹿市文化国際部文化振興課セミナー係り宛てとなる。この受講申込み先は、鈴鹿市役所内の部署の名称変更や、公開講座関連部署の独立化（財団法人化）により、変更してきている。1998（平成10）年以降は、（財）鈴鹿市文化振興事業団との共催となっている。本学が鈴鹿市との共催に踏切った大きな理由は、当時、地方自治体との連携が推奨されていたことが挙げられるが、鈴鹿市広報誌に公開講座の広告を掲載することによる、鈴鹿市民への宣伝効果を期待してのことである。また、鈴鹿市教育委員会には、本学独自に作成したちらしを公民館や小・中学校へ配布する際、ご協力をいただいている。
　1995年以降、メインテーマは、時代のニーズに合わせて、「くらしと先端科

学」「鈴鹿から発信、世界へ」「鈴鹿から発信、21世紀に向けて」「鈴鹿から発信、日本・世界を考える！」「鈴鹿から発信、未来へ！」「鈴鹿から発信　癒そう心　育てよう文化」、と変化してきている。現在のメインテーマは「鈴鹿から世界へ　―豊かな未来のために―」である。

　上記メインテーマの下、本学教員および外部招聘講師による講演会を年間7－8回実施している。毎年、その年の話題やニーズに合わせて、演題・講師を決定してきている。特に、佐治学長をお迎えしてからは、各界の著名な講師を数多く招き、好評を得ている。昨年は、三重県で初めて本格的な音楽療法の講義と実習を実施した。この講演には、三重県各地から多くの受講者が集まり、大変好評であった。本年は、水圏環境・宗教学・歴史分野の専門家による講演を実施している。

　「ライフセミナー」での新しい取組みとして、講演内容の検討だけではなく、受講スタイルの改良も行っている。昨年から、年間を通じての受講申込みだけではなく、1回のみの受講申込も受付けを始めている。また、1997（平成9）年からは、本学学生が「ライフセミナー」を受講することにより、基礎教養科目「社会教養」の単位を取得できるようになった。

（2）参加型の講座

1）楽しい手作りパン教室Ⅶ

　本学が実施している公開講座の中で、「楽しい手作りパン教室」は最も人気のある講座である。受講の募集開始後1週間以内に定員をオーバーするという状況が、開設当初から続いている。

　この講座の前身は、前述したように、1994（平成6）年に新設された「世界のパン講座」である。しかし、それ以前の1992（平成4）年に「楽しい親子クッキング」を2日間、1993（平

動物パン作りを楽しむ親子

成5）年に「お菓子を作ろう」を3日間実施している。いずれも夏期開講の講座であるが、これらの単発的な料理教室的講座を年間を通じて5〜8回行うようになったのが、パン講座であるといえる。

「世界のパン講座」は好評で、「続　世界のパン講座」「新　世界のパン講座」「アンコール　世界のパン講座」と続いている。1998（平成10）年から2年間は「楽しい手作りお菓子講座」「お菓子講座パートⅡ」となるが、パン講座への希望が多く、再び、パン作り講座を開講することとなる。以来、「楽しい手作りパン教室」シリーズが継続している。

最近の新しい試みとして、昨年は夜の部を新設した。夜間にしかも土曜日に公開講座を実施するのは、本学公開講座では初めてのことであったが、好評であったため、本年も引続き夜の部を開講した。また、本年は、特別講座として、有名なパン職人を招いて、フランスパン作りの講座を夏期に一回実施した。この講座も大変盛況であった。

2）パソコン講座

本年は、Word 初級、Excel 初級、Word 中級、Excel 中級の各講座を土曜日の午前中に開講した。

前述したように、本学の公開講座は、「英文タイプ科」「ワープロ科」「パソコン科」の講習会から始まっている。情報関連機器の発展は日進月歩であり、その流れに対応するため、講座名が次々と変更されてきてはいるが、本学公開講座の中軸を担っている講座である。「ワープロ入門」「パソコン入門」「パソコンで遊ぼう」「キー入力練習講座」「インターネット入門」「KIDS パソコン講座」「パソコンによる年賀状作成」などが開講されている。1995（平成7）年から2003（平成15）年まで、キャリア教育の一環として、本学学生を主な対象とする「ワープロ検定準備講座」が開講された。検定試験受験のサポートについて、現在では情報関連授業の中で行われており、公開講座からは姿を消している。

本年、新企画として夏期に小・中学校教職員の方を対象として Power Point の講座を計画していたが、受講希望者が集まらず、不開講となっている。

（3） 資格取得を目標とする講座

　資格取得を目標とする講座として、訪問介護員（ホームヘルパー）2級養成研修講座がある。三重県知事認可の資格で、合計130時間を要するものである。長期にわたる講座であるため、土曜日と夏期に実施している。社会福祉方面への就職希望者へのサポートとして以前から実施されていた講座を、昨年から、公開講座の中の1講座として実施している。この講座には、一般市民と本学学生が参加している。閉講式では、修了証明書および訪問介護員2級資格証が授与される。

（4） 教養講座

　教養講座として、英会話講座がある。水曜日の放課後と土曜日の午前中に開講している。

　英語を公開講座に取入れたのは1996（平成8）年からである。当初は、「英検準2級・2級準備講座」という名称で、本学学生へのキャリア教育の一環として実施された。2年間であったが、多くの学生が資格取得を目標に取組んでいた。英会話講座としては、2002（平成14）年に、中学校3年レベルの英語能力を有する方を対象とする「大人の基礎英語講座」が土曜日の午前中に開講された。翌年には土曜日以外の曜日にも開講され、2講座実施している。以来、継続して開講している。

（5） 受験対策講座

　受験対策講座としては、過去に、前述したワープロ検定試験、英語検定試験受験のための講座があるが、現在では、「管理栄養士国家試験準備講座」のみ開講している。

　管理栄養士国家試験は、栄養士の資格取得者が3年の実務経験の後に受験できる国家試験である。2003（平成15）年に、本学食物栄養専攻の卒業生へのサポート講座として開講した講座であるが、広く一般の方にも数多く参加していただいている。管理栄養士国家試験は、毎年春に実施され、テキストがその年の秋に出版されることから、講座は冬期に実施している。また、開講日は、

受講者が参加しやすいように、日曜日に実施している。本学では多くの公開講座を実施しているが、日曜日開講の講座はこの講座のみである。

(6) 三重県との連携講座

三重県生涯学習センターでは、毎年、夏期に大学セミナーを行ってきている。当初は、4年制大学のオープンキャンパス的色彩が濃かったように記憶しているが、最近は、講義中心の大学セミナーを行っている。セミナーを実施する大学は、4年制大学に限られていたが、2004（平成16）年より、短期大学、高等専門学校が参加可能となった。それに伴い、本学も、このセミナーに参加し、毎年、2名の講師を派遣している。本年は3年目であるが、初めて、移動講座（三重県紀宝町まなびの郷で開催）にも参加することができた。この移動講座は、三重県生涯学習センターの所在地三重県津市から、遠く離れた県民の方への、出張サービスと位置付けることができる。

講座名は「みえアカデミックセミナー」と呼ばれている。ここで本学セミナーを開催することにより、広く本学のピーアールができるだけではなく、三重県生涯学習センター内への、パンフレットや公開講座のちらしの設置および、三重県生涯学習センターの学習情報誌「いきいき生涯＆ゆうゆう学習」への記事の掲載が可能となった。

本学セミナーの3年間のテーマは「宇宙と人間」「宇宙と人間Ⅱ」「目で見るものと心で観るもの」であった。

まとめ

地域住民の学習ニーズがますます高度化・専門化していることから、短期大学における公開講座は、そこでなければ提供できない内容・水準の内容が強く求められている。すなわち、公開講座の内容面・運営面の見直しと充実が必要となっている。

本学の公開講座は、参加型の講座から始まってはいるが、現在では、参加型

の講座の他、聴講形式の講座、資格取得のための講座、国家試験受験のための講座、教養講座等、多種多様な講座を開講している。また、地域との連携・協力という点では、鈴鹿市、三重県との連携が行われている。このような点から見ると、時代のニーズに合った内容の講座を開講してきたと思われる。しかし、社会的変化の流れに取残されないためにも、常に地域社会のニーズの把握を行っていく必要がある。また、受講者確保のための広報の方法、公開講座の企画・運営方法、ITの利用法など、検討を行い改善していくことが必要である。

　現在、来年の公開講座の内容を検討中である。地域社会に開かれた短大を目指して、日々進化し続ける鈴鹿短期大学に注目していただきたい。

　最後に、公開講座は、多くの方々の協力なくしては実施不可能である。これまでに行われてきた本学公開講座の企画・運営に際して、ご協力いただいた講師の先生方、鈴鹿市、鈴鹿市教育委員会、鈴鹿商工会議所、（財）鈴鹿市文化振興事業団、三重県生涯学習センターの皆様、そして公開講座に参加していただいた多くの受講者の皆様に感謝するとともに、今後の鈴鹿短期大学の公開講座へのご支援と、更なるご協力をお願いする次第である。

学校給食問題研究協議会の委員長として　　　山田　芳子

　私が地域に貢献できた最高のできごとは、鈴鹿市学校給食問題研究協議会の委員長を務めたことです（平成12～14年）。その内容は、鈴鹿市では既存の飯野給食共同調理室や一部の単独校調理施設の老朽化に伴い、今後の給食施設の在り方を検討するものでありました。学校給食の役割は、児童が集団生活を通じて食事マナーや健康づくり、食文化の基礎知識を身につけるためと大きいものがあります。そのため効率的な運営方法や問題点などを論議し、他県の施設の視察も行い「学校給食の在り方について」の提言をまとめ、鈴鹿市教育委員会へ答申したのです。答申に対しては「現在の共同調理室を建て替え、20年後をめどに最終的に市内3カ所程度の共同調理場を建設したい」との意向を得ました。そして、今年（平成18年）、鈴鹿市学校給食センターの整備計画が進められ、再度それに関わる委員会の委員として、学校給食に携われたことに喜びを感じています。

公開講座で知った地域の人々と「ありがとぅ」　　　川又　俊則

　赴任して2年目の私は、ずっと関東（茨城・東京・埼玉）で居住していたので、鈴鹿市の生活はすべてが刺激的です。赴任1年目は単身で、狭いアパートと研究室（短大）の往復（たまに食材等の買い物）がほとんどでした。市内の道路すら、自分が通る田圃道以外、あまり覚えませんでした。しかし、公開講座の担当として、パソコン講座の講師やライフセミナーの司会を務めると、参加して下さる地域の方々とお話する機会もあります。すると鈴鹿市民のおっとりとした、でも真面目な雰囲気を感じ取ることができます。道路の車の流れは決して遅くはなく、むしろ中央道路などは速すぎのような気もしますが、会話の流れはつねに緩やかで穏やかです。とくに、「ありがとぅ」のイントネーション（語尾が上がる）を初めて聞いたとき、私の身体は「衝撃」が走りました。なんて素敵な言葉なのだと思いました。今もそう思っていますが、残念なことに私自身はまだ自然には口に出ません。

大学と地域社会　　　　　　　　　　　　　　　　　　新名　孝市

　本学は、昭和41年に開学して今年で40周年を迎えます。これも開学以来、幾多の困難を乗り越え、常に社会と教育のニーズに対応すべく真摯に努力した、先輩諸氏より現在までの教職員の成果と痛感する次第であります。

　先日の新聞に全国短大の60％以上が定員割れとの記事がありました。幸い本学は定員を確保しております。しかし、将来において肝要なことは、AIDASの理論による在校生の満足と地域社会・高校（配慮）との信頼関係の構築にあります。本学の公開講座・ライフセミナーや佐治学長の各種講演会・新聞連載記事もその一環であると思います。吉田松陰が「地はなれて人なし、人はなれて学問なし」と述べていますが、入口（募集）・中身（教育）・出口（就職）とも相互に関連しつつ、地元地域社会・高校に密着し信頼と絆を得ることこそが、本学発展のための唯一の勝ち残り戦略であると確信致します。

亀山市史編さんに携わって　　　　　　　　　　　　岡野　節子

　昨年から亀山市史編さんに関わる調査員に参画することになりました。これは平成15年より事業に取り組んでいます。目的は亀山の歴史を振り返り、亀山の個性を再発見することにより豊かな自然・悠久の歴史・光ときめく都市・亀山の市史の編さんを行います。また、IT（情報）技術により、従来のように歴史を読むだけでなく、見る・調べる・検索するなど日常に多彩な利用ができるように編集された市史を目指しています。それはデジタルデータで構成し、多様なニーズとメディアに対応できるように作成します。その事業に平成17年度から委嘱をいただき担当は民俗編の食の調査・収集および執筆を行っています。平成19年3月には完成する予定です。しかし、鈴鹿郡関町が亀山市に市町村合併となり平成23年3月に完結となります。自分の調査したことが文字だけでなくデジタル化で見ることは、この亀山市史編さんに関わらせていただいたおかげだと感謝しています。

「楽しい手作りパン教室」アシスタントの眼から　　藤原　いすず

　"ホンワリ暖かく弾力があり表面はスベスベ"一次発酵後のパン生地の私なりの表現です。パン教室を受講される方は、親子や友達同士といった方々もいますが、1人で参加される方も多くいます。そのため初日の教室には、不安と緊張感が漂っています。しかし、一次発酵が終わり、ベンチタイムを経ていよいよ成形に入ると緊張が和らいで、受講生の皆様の顔からは笑みがこぼれてくるのがわかります。きっと"ホンワリ暖かく弾力があり表面はスベスベ"なパン生地の触感が緊張を和らげてくれているのだと思います。その後のティータイムでは、焼きたてのパンを食べながらすっかり打ち解けて会話を楽しんでいる姿を見ていると、私まで幸せな気分になります。地域の方々にとって「楽しい手作りパン教室」はパン作りを学ぶだけでなく新しいお友達に出会え、そして楽しい時間を過ごせる場でもあることはとても素敵なことだと思います。

鈴鹿サーキットの思い出　　米田　綾夏

　F1日本GPや鈴鹿8時間耐久レース等が開催される国際レーシングコースを有し、遊園地、ホテル、天然温泉、オートキャンプ場、ブライダル等も併設した大型レジャー施設「鈴鹿サーキット」。小学生時代、長期休暇で暇を持て余した私達孫の為に祖父が毎週のように連れて行ってくれた、まさに庭と言っても良い程思い出深い場所です。年間を通して様々なイベントが行われますが、その中でも私の一番は8月に行われる花火。あまりに地元民すぎて自宅の窓から打ち上げ花火が見られる私ですが、浴衣で涼みながら観客席から見る大輪の花火はやはり絶景です。最近は行く機会も少なくなりましたが、この時期に日が沈んでから聞こえてくる打ち上げ花火の音と地面を伝わる衝撃に、あっという間に過ぎた一年を振り返り、子どもの頃にこのままずっと変わらないと信じて疑わなかった、遊園地やプールで遊んだ懐かしい思い出が浮かんできます。

おわりに

副学長　堀　敬紀

　鈴鹿短期大学（以下「本学」）は、1966（昭和41）年に社会と密着した実務的高等教育を成す目的をもって創立されました。生活学を基礎として生活学（養護教諭・福祉）、食物栄養（栄養教諭・栄養士）、こども学（幼稚園教諭・保育士）に6500余名の卒業生を輩出しております。その間時代の要請により働く学生の為に昼間三部制も手がけました。商経学科を設置していた時期も有ります。現在の鈴鹿高等学校Ⅲ類棟に商経学科が開設され、多くの卒業生を世に送り出した後、1995（平成7）年に現鈴鹿国際大学に吸収されました。また、開学以来の卒業生の出身地は文字通り全国津々浦々、北海道から九州まで広がっております。留学生についても1990（平成2）年以降入学してきております。本学の特徴の一つは社会人入学者が多いことと、一端卒業しておきながら改めて入学する再入学者が多いことです。好ましい感激すべき傾向であるかと思います。それは本学の教育実績と学風にいささかの魅力が有るものと自負するところでもあります。

　日本の高等教育の整備は鎖国によって遅れ、公的には明治以降に徐々に体系化されてきました。欧米のように古い伝統を持っているわけではありません。しかし、文化・一般社会人教養が低かったという訳ではありません。ご高承のように日本は1873（明治6）年の「学制」以降国民皆学には一応成功し、「教育立国」という言葉まで唱える時期もありました。唯一基礎研究の遅れ、サイエンスとしての専門的高等教育が普及していなかったことを云います。その後時を経てマス高等教育機関としての短期大学・四年制大学の功績は評価される

のでしょうが、歴史の乏しい分、駆け足的な欠陥も多々指摘されるところです。

　本学としても実用的社会人を長く養成してきたものの、伝統的日本社会の崩壊と国際化、今後の難しい将来社会、緊張と変革の国際社会を見据えていかなければなりません。また先ずは現行の社会で特に求められているのは優良な社会人としての人間性と「徳（モラル）」と敢えて言わなければならないことに、現実の困窮があります。

　幸いにして、2004（平成16）年度より天文学・数学・物理学を専門にしながらも特に幼児・音楽・人間教育の重要性を訴える佐治晴夫を学長に迎えたことも本学の志向であります。豊かな人間教養指導と専門職教育を併せ持つ本学の教育を再創造していく意志表示でもあります。学内外で今日社会と教育の問題点を指摘しております。その熱は日に日に熱くなり、周りの者の共感を確実に増やしております。本学も40年という経験を得て、更なる努力と叡智を傾け、学生・社会の為に情熱を奉げなければならないと教職員一同胸に刻むところです。

2006年度鈴鹿短期大学教職員

編集後記

　本書は鈴鹿短期大学の開学40周年記念事業の1つとして企画されました。多くの大学・短大では、今までの写真をちりばめ、思い出のエッセーを集め、非売品として「○○周年記念誌」を制作し、関係者に配布しています。
　私たちは、そのような「記念誌」では飽き足らないと思いました。本学は現在、まさに大学改革を進めている最中ですから、歴史を振り返ると共に、現時点での成果を示し、かつ将来的展望をも示唆した「論文集」を刊行する方がよいのではないかと思いました。そして、本学の教育や研究、広い意味で「文化」を、世の中に発信していこうという意志でまとまり、このような商業出版による単行本の刊行という方法を選びました。
　その際、学務分掌上で、イベント実行委員会と図書小委員会、両委員会の委員長・副委員長が本書の記念論文集編集委員会を構成することになりました。この企画を教授会で審議したのが6月。幾つかの出版社へ打診した結果、大学教育出版に依頼することになりました。同時に、本書の具体的な内容を検討し、「教育」「研究」「歴史・地域」という3部構成にすることを決めました。
　すでに幾つかの大学で「○○周年記念論文集」が刊行されていましたが、それらを集めて読んでみると、あるテーマでまとまったものというよりは、在籍される先生個々の研究成果を集めたものが多い印象を受けました（例外として、名古屋自由学院短期大学（現名古屋芸術大学短期大学部）の『人間文化の展開』や正眼短期大学の『禅と人間』等があります）。本書で私たちは「文化の発信」という明解なコンセプトを軸に、編集委員会で各部の内容を練り、執筆分担を決定したのが8月でした。そして、10月中旬までの短期間で各先生方にご執筆いただきました。

その後の、校正等の作業も順調に進められ、企画立案からわずか9ヵ月で本書は完成しました。だがこれは決して即席ということではありません。各執筆担当はすでにその分野で十分な実績ある方々です。その基礎の上に、本書に合わせた内容を執筆していただいたということです。もちろん、近年の大学・短大には、多くの校務・学生対応等があります。各執筆担当の先生方には、研究・授業・日常業務の合間を縫ってご執筆いただきましたが、全員が期日に間に合う形で提出して下さり、無事刊行に至りました。

本書で最も難渋したのは第8章の座談会でした。本学にお勤め頂いた教職員の方々のなかで、座談会日程に参加可能な方にお越し頂き、本学の過去を振り返りつつお話いただきました。各回とも、たいへん中身が濃い座談会となり、当初の予定時間を大幅に超過したため、決められた分量に収めるのは論文執筆以上に困難でした。

一般の方々に広く読んで頂きたいということで、通常の論文とはやや異なる文体を用いた章、写真・図を多く活用した章など、執筆者には様々な工夫をしていただきました。さらに、本学全教職員には、身近な話題に関するコラムを執筆していただきました。そして、記念すべきこの2006年度に在籍していた全学生の集合写真を掲載するなど、「鈴短のいま」を意識して編集を進めました。

ご多忙にもかかわらず、本書に「刊行によせて」をお寄せ頂いた、享栄学園理事長堀敬史先生、鈴鹿国際大学学長武村泰男先生にも、心より御礼申し上げたいと思います。

本書の編集担当は、第1部福永峰子（イベント実行委員会委員長）、第2部山田芳子（図書小委員会委員長）、第3部梅原頼子（図書小委員会副委員長）、全体総括を川又俊則（イベント実行委員会副委員長）が務めました。この4名が本書の編集委員会を構成しました。また、佐治晴夫鈴鹿短期大学学長には、本書の監修者として、全行程を見て頂きました。

本学は、すでにこの4月に開学41年目として新入生を迎えます。本書をきっかけに、さらに全教職員が研鑽を積み、本書の続編をも視野に入れていきたいと思っております。

2007年2月
　　鈴鹿短期大学40周年記念論文集『鈴鹿短大からの発信』編集委員会

著者紹介（生年・職位・専門・著書論文）
各章執筆（代表）者

【監修・第1章】
佐治　晴夫　1935年生まれ。鈴鹿短期大学学長。理学博士。専門は宇宙物理学。『夢みる科学』（玉川大学出版会、2006年）、『宇宙はすべてを教えてくれる』（PHP出版、2003年）

【第2章】
十津　守宏　1973年生まれ。鈴鹿短期大学助教授。専門は宗教学。「現在的終末論の本質—原始キリスト教のそれを手がかりとして」（『成城文芸』171号、2000年）

【第3章】
大野　泰子　1954年生まれ。鈴鹿短期大学専任講師。専門は学校保健。
福永　峰子　1959年生まれ。鈴鹿短期大学助教授。専門は栄養教育。「お弁当箱食事法による栄養教育について」（『鈴鹿国際大学短期大学部紀要』25巻、2005年）
堀　　建治　1969年生まれ。鈴鹿短期大学助教授。専門は幼児教育。『児童福祉分析論』（学文社、2005年、共著）

【第4章】
永石喜代子　1949年生まれ。鈴鹿短期大学助教授。専門は看護学。『自己理解・対象理解を深めるプロセスレコード』（日総研、2001年、共著）

【第5章】
山田　芳子　1948年生まれ。鈴鹿短期大学教授。専門は栄養教育。『三訂栄養教育演習・実習』（みらい、2006年、共著）

【第6章】
横井　一之　1956年生まれ。鈴鹿短期大学教授。専門は保育内容論。『保育内容環境を学ぶ』（福村出版、2001年、共編）、『保育ソーシャルカウンセリング』共著（建帛社、2004年、共編）
本山ひふみ　1959年生まれ。鈴鹿短期大学助教授。専門は保育学。『保育原理』（学芸図書、2007年、共著）

【第7章】
川又　俊則　1966年生まれ。鈴鹿短期大学助教授。専門は社会学。『ライフヒストリー研究の基礎』（創風社、2002年）、『ライフヒストリーの宗教社会学』（ハーベスト社、2006年、共編）

【第8章（編集担当）】
梅原　頼子　1964年生まれ。鈴鹿短期大学専任講師。専門は栄養教育。「食事バランスガイド使用の試み—本学作成の食事バランスガイドと学生の食事バランス状況」（『鈴鹿短期大学紀要』27巻、2007年）

【第9章】
久保さつき　1953年生まれ。鈴鹿短期大学教授。専門は食品化学。『食品学実験書』（医歯薬出版、2002年、共著）

鈴鹿短大からの発信

2007 年 3 月 18 日　初版第 1 刷発行

- ■監 修 者────佐治晴夫
- ■編　　者────鈴鹿短期大学40周年記念論文集編集委員会
- ■発 行 者────佐藤　守
- ■発 行 所────株式会社 大学教育出版
  　　　　　　　〒700-0953 岡山市西市 855-4
  　　　　　　　電話（086）244-1268　FAX（086）246-0294
- ■印刷製本────モリモト印刷㈱
- ■装　　丁────ティーボーンデザイン事務所

Ⓒ SUZUKA JUNIOR COLLEGE 2007, Printed in Japan
検印省略　落丁・乱丁本はお取り替えいたします。
無断で本書の一部または全部を複写・複製することは禁じられています。
ISBN978-4-88730-743-8